Ih 8/75

LA
MARINE FRANÇAISE
ET LA
MARINE ALLEMANDE

L'auteur et l'éditeur déclarent réserver leurs droits de traduction et de reproduction à l'étranger.

Cet ouvrage a été déposé au ministère de l'intérieur (section de la librairie) en février 1873.

PARIS. TYPOGRAPHIE DE HENRI PLON, RUE GARANCIÈRE, 8.

LA
MARINE FRANÇAISE

ET LA

MARINE ALLEMANDE

PENDANT

LA GUERRE DE 1870-1871

CONSIDÉRATIONS SUR LE ROLE ACTUEL DES FLOTTES
DANS UNE GUERRE CONTINENTALE

PAR

ÉDOUARD CHEVALIER

CAPITAINE DE FRÉGATE

PARIS
HENRI PLON, IMPRIMEUR-ÉDITEUR
10, RUE GARANCIÈRE
—
1873
Tous droits réservés.

PRÉFACE.

Depuis la conclusion de la paix, la presse a plusieurs fois appelé l'attention du pays sur le rôle joué par la marine française pendant le cours de la dernière guerre. La conduite de nos escadres et leur inactivité apparente ont été l'objet de critiques très-vives. Les flottes de la Baltique et de la mer du Nord n'ont pas montré, a-t-on dit, dans les circonstances graves que traversait la France, toute la résolution qu'on était en droit d'attendre d'elles. Empêchée de tirer du canon par la retraite de l'ennemi dans ses ports, notre flotte aurait dû trouver ou chercher l'occasion de le faire, dans quelque entreprise contre le littoral ennemi. A en croire certains écrivains, la marine, seul corps resté debout au milieu du naufrage de notre état militaire, avait le devoir impérieux de se jeter sur l'Allemagne, afin d'opérer une diversion puissante en faveur de la France envahie. Ce sont là des erreurs qu'il importe de combattre, dans l'intérêt de la vérité et de notre puissance. Une branche importante de la défense nationale resterait compromise aux yeux du pays, si les véritables doctrines sur la guerre maritime n'étaient pas mieux connues. Le sentiment de la nécessité d'un grand établissement naval irait s'affaiblissant, et peut-être ce résultat est-il déjà atteint, et un jour viendrait où, l'occasion d'agir se présentant, nous n'en aurions plus les moyens. La marine, loin de redouter un examen même sévère de ses actes, doit vivement souhaiter que la lumière se fasse sur les événements auxquels elle a pris part. Elle ne regrettera pas les attaques dont elle a été l'objet, si les discussions auxquelles celles-ci auront donné lieu conduisent, comme il est permis de le croire, à la constatation de la vérité. Le pays acquerra la certitude qu'elle a fait son devoir, et il reconnaîtra le danger d'amoindrir un service fortement organisé, et aussi indispensable à la puissance agressive qu'à la puissance défensive de la France. Dans une guerre entre notre pays et l'Allemagne, en l'an 1870, on ne pouvait pas supposer que la flotte allemande, composée de cinq cuirassés, dont deux de petite dimension, attendrait au large la flotte française. Il eût fallu, pour croire à cette éventualité, attribuer aux Allemands un manque de raisonnement et de prévoyance dont ils ne nous ont donné aucune preuve. La décision prise par l'ennemi de réduire sa marine à un rôle défensif était sage; toutefois, les marins allemands ont été dans cette voie, ainsi que nous le montrerons, au delà du nécessaire. Quoi qu'il en soit, la flotte allemande, en raison de son infériorité numérique, restant renfermée dans ses ports, aucun engagement entre les escadres des deux nations n'était possible. Pour sauvegarder notre commerce et notre littoral, il nous suffisait de maintenir les forces navales de l'ennemi hors d'état de nuire, soit en les bloquant, soit en les surveillant activement. Ces premières obligations accomplies, la marine avait à prendre part à une grande expédition militaire et maritime dirigée contre les côtes ennemies. Là se trouvait l'emploi intelligent de notre marine; c'est dans une opération de ce genre que nous aurions mis à profit notre supériorité maritime. Les désastres de nos armées, consommés dès les premiers jours de la lutte, ne le permirent pas. Dans cette situation, et étant donné notre matériel, point qu'il ne faut pas perdre de vue, quels services la marine, agissant seule, pouvait-elle rendre au pays? Nous laisserons de côté les questions secondaires, les incursions sans portée qu'il eût été possible de faire sur le littoral allemand, pour arriver à ce qui est véritablement le fond du débat. Le jour où le département de la marine a su qu'il ne pouvait plus compter sur l'assistance d'un corps de débarquement, devait-il avoir pour objectif une opération de vive force, exécutée avec ses seules ressources, sur Kiel et sur la Jahde? Là est le point en litige, et non dans d'inutiles discussions sur le rôle des escadres de la Baltique et de la mer du Nord. Ces escadres manquaient des forces nécessaires pour entreprendre ces opérations; ce qui s'explique, d'ailleurs, puisqu'on ne les leur demandait pas. Ce qui est véritablement en cause, c'est, d'une part, la direction imprimée à nos forces navales, et d'autre part, en se plaçant au point de vue des personnes, les ministres qui se sont succédé à la marine, savoir : MM. l'amiral Rigault de Genouilly et le vice-amiral Fourichon, le premier jusqu'au 4 septembre et le second à partir du jour de son arrivée en France, le 12 septembre, jusqu'à la fin de la guerre. Ces deux ministres ont-ils eu tort ou raison d'adopter la ligne de conduite qu'ils ont imposée, comme c'était leur droit et leur devoir, à la marine? Tout est là. La solution raisonnée de cette question n'est possible qu'après certaines recherches faites dans l'histoire maritime de tous les pays. Il s'agit de savoir à quelles entreprises se sont livrées jusqu'ici des flottes maîtresses de la mer, c'est-à-dire condamnées, par suite de leur supériorité, à ne pas combattre sur leur élément. Nous aurons à consulter les événements de la guerre de la Sécession, et cela est d'autant plus nécessaire, qu'on les a présentés comme une condamnation de la conduite des escadres françaises. Il y a là un malentendu qui cessera lorsqu'on connaîtra sous leur vrai jour les glorieuses actions des marins américains. Ce qui ressort le plus clairement de l'étude de la guerre de la Sécession et aussi de l'expédition du Paraguay, utile à consulter pour le cas qui nous occupe, c'est l'excellence des résultats obtenus par l'emploi combiné de la marine et de l'armée. Dans ces deux entreprises, on voit les escadres et les troupes poursuivre en commun des succès qu'aucune d'elles ne pouvait obtenir isolément. Tantôt la marine est chargée de l'attaque principale, et alors les troupes interviendront quand l'artillerie du bâtiment aura fait son œuvre, tantôt c'est l'armée qui attaque à fond et la marine qui la soutient, protége ses flancs et la nourrit. Il est utile que nous nous rendions compte de l'esprit de ces expéditions militaires et maritimes, afin de ne plus être tentés de demander à la marine ce qu'elle ne peüt pas faire, en même temps que les exploits des marins américains nous apprendront tout ce qu'un pays est légitimement en droit d'attendre d'une marine bien dirigée, lorsque les circonstances permettent de l'utiliser. Nous n'aurions pas, en effet, à parler des services rendus par la marine fédérale si, après la victoire de Bull's Run, remportée par les généraux du Sud, le 21 juillet 1861, c'est-à-dire quelques mois après l'ouverture des hostilités, les confédérés eussent été assez forts pour disperser ou détruire l'armée du Potomac, assiéger Washington et porter la guerre sur le sol des États restés fidèles à l'Union. Dans cette situation, le Nord, tout en poursuivant la lutte, se fût trouvé dans l'impossibilité d'enlever le moindre détachement aux rangs déjà trop affaiblis de ses armées. D'autre part, et c'est ce qu'il y a de très-remarquable dans la conduite du gouvernement fédéral, dans quelles circonstances le voyons-nous mettre en mer ces expéditions navales et militaires qui ont contribué si puissamment à la défaite du Sud? Est-ce seulement lorsque les soldats du Nord ne trouvaient plus de résistance devant eux? Il n'en est rien, et dans le même temps où le cabinet de Washington faisait adjoindre à la marine des troupes de débarquement pour agir sur le littoral, les troupes fédérales luttaient, non sans difficulté, contre les armées confédérées. Elles ne reculaient pas, mais elles ne faisaient que de faibles progrès. Cette situation a duré quatre années, pendant lesquelles le Nord, tout en renforçant celles des armées qui opéraient sur les principaux théâtres de la guerre, la Virginie et les bords du Mississipi, n'a pas voulu renoncer aux avantages que lui donnait sa supériorité maritime. La marine, agissant de concert avec un corps de débarquement, était devenue l'aile gauche d'une grande armée partie de Washington et marchant du nord au sud. Cette aile, mobile par sa nature, insaisissable pour l'ennemi, puisque celui-ci n'avait pas ou avait peu de marine, harcelait les confédérés, coupait leurs communications avec la mer, et ne cessait de les frapper et de les affaiblir. Un jour arriva où une seule défaite des troupes du Sud devant Richmond, en 1865, livra aux fédéraux non-seulement cette capitale, mais toute la nouvelle confédération. A ce moment, derrière les quelques troupes qui restaient au général Lee, il n'y avait plus rien. Les États du Sud, malgré leur énergie, n'étaient plus capables d'aucun effort. Le vaillant et habile général Lee, qui avait balancé pendant aussi longtemps la fortune de ses adversaires, fut contraint de mettre bas les armes, et les quelques généraux confédérés qui tenaient encore la campagne suivirent son exemple. Ce n'est pas à dire que le Nord ait dû son triomphe à la marine. Le Sud était condamné à la défaite, et c'est un grand honneur pour ses généraux que d'en avoir retardé l'heure aussi longtemps. La nouvelle confédération devait fatalement succomber le jour où le Nord, ayant mis en œuvre ses immenses ressources, apparaîtrait sur les champs de bataille avec la supériorité que lui assuraient son argent, son industrie et le nombre de ses habitants. Il n'y

PRÉFACE. 13

avait pas qu'une seule manière de faire la guerre, et le cabinet de Washington pouvait choisir entre plusieurs plans de campagne. Dans un pays où le sens maritime n'eût pas été aussi développé qu'aux États-Unis, la direction militaire n'eût probablement pas eu d'autre préoccupation que d'envoyer des renforts aux troupes qui opéraient en Virginie, afin de les mettre en état de refouler vers le sud, c'est-à-dire loin de Washington, l'armée confédérée. En ce cas, il ne restait à la marine rien autre chose à faire que de bloquer les côtes, et peut-être aussi de prendre part à quelques expéditions sans aucune influence sérieuse sur le résultat définitif de la guerre. Mais le Nord savait qu'il disposait de moyens maritimes considérables, et il voulait s'en servir. Aussi, sans se laisser troubler par les premiers succès des confédérés, par le voisinage de leur nouvelle capitale, la ville de Richmond, située à cent vingt kilomètres de Washington, le gouvernement fédéral adopta le plan de campagne qui lui permettait de profiter de sa supériorité maritime. C'est donc principalement comme système de guerre que la conduite des Américains se recommande à l'attention des marins et des militaires. Les derniers événements nous ont montré que le savoir était aussi nécessaire à la guerre que le courage. Les grands succès militaires ont été de tout temps le prix de la valeur du soldat, unie à la science de ceux qui les commandent. Il est donc extrêmement utile que les questions relatives à la guerre soient discutées pendant la paix. Nous ne nous proposons pas seulement de rechercher si le plan de campagne adopté en France par le département de la marine a été conforme aux règles de la guerre, nous voulons également arriver à la formule des services que les flottes actuelles, composées de navires blindés, à grande vitesse, et puissamment armés, peuvent rendre dans une guerre continentale. Ce dernier point est d'un grand intérêt puisqu'il a trait à l'avenir, et que la construction du matériel dépend nécessairement de la manière dont il est envisagé.

LA MARINE FRANÇAISE
ET LA
MARINE ALLEMANDE
PENDANT
LA GUERRE DE 1870-1871

PREMIÈRE PARTIE

I

Composition des forces navales de la France et de l'Allemagne.

Dans les premiers jours du mois de juillet 1870, alors que la marine était encore sur le pied de paix, les forces navales présentes sur nos rades ou naviguant près des côtes, prêtes, en un mot, à se porter là où les circonstances l'exigeraient, étaient composées ainsi qu'il suit, savoir : quatre frégates cuirassées, *Magnanime*, *Provence*, *Héroïne*, *Couronne*; deux corvettes cuirassées, *Montcalm*, *Atalante*; un aviso, le *Renard*, composant l'escadre d'évolution de la Méditerranée, sous les ordres de M. le vice-amiral Fourichon ; à Cherbourg, les frégates cuirassées *Gauloise*, *Flandre*, et la corvette cuirassée *la Thétis*, appartenaient à l'escadre de la Manche, placée sous les ordres de M. le contre-amiral Dieudonné. Les autres navires en état de prendre la mer étaient des transports, des garde-pêche ou des stationnaires à vapeur, qui ne pouvaient être employés pour l'offensive. A l'extérieur, nous avions la corvette cuirassée *la Belliqueuse*, dans le Levant ; une seconde corvette cuirassée, l'*Alma*, faisant route pour le Japon, et une frégate ou corvette à batterie, à hélice et en bois, dans chacune de nos stations navales des Antilles, de la Plata, des mers du Sud, de Bourbon et des côtes occidentales d'Afrique. Quelques corvettes à batterie barbette et quelques avisos complétaient les forces militaires que nous avions à l'étranger.

Aussitôt que la guerre fut résolue, on pressa l'armement des navires de guerre placés dans les différentes catégories de la réserve. Outre les navires destinés à la haute mer, on arma, pour la défense des rades et des côtes, les béliers *le Taureau* et *le Cerbère*, et quelques batteries flottantes. Des transports furent tenus prêts à recevoir une destination. A la fin de juillet ou dans les premiers jours d'août, nous avions en mer ou sur nos rades, prêts à se joindre à l'escadre d'évolution ou à la division de Cherbourg, les navires désignés ci-après : Vaisseaux : *Magenta* et *Solferino ;* frégates : *Océan, Guyenne, Surveillante, Valeureuse, Revanche, Savoie, Invincible, Normandie ;* corvettes cuirassées : *Jeanne d'Arc, Armide, Reine Blanche ;* les corvettes à hélice à batterie barbette *Château-Renaud, Decrès, Laplace, Cosmão ;* les avisos *Bourayne, Dayot, Hermitte, Limier, D'Estrées, Forfait, Kléber ;* les garde-côtes *Rochambeau, Cerbère, Taureau ;* les batteries flottantes *Opiniâtre, Protectrice, Embuscade, Foudroyante,* etc., et plusieurs canonnières du type *Étendard*.

L'*Océan* était une frégate cuirassée à éperon et à fort central surmonté de quatre tours fixes. Le fort central, percé de six sabords, était armé de quatre canons de 27 centimètres et de deux canons de 16 centimètres. Sur chacune des tours fixes, munies à l'intérieur d'une plaque tournante, était placé un canon de 24 centimètres. Cette frégate, lancée le 15 octobre 1868, armait pour la première fois. Son tirant d'eau dépassait 9 mètres à l'arrière et 8 mètres à l'avant ; elle avait atteint, aux essais, près de 14 nœuds, avec une consommation de 129 tonneaux de charbon en vingt-quatre heures. L'approvisionnement total du combustible était de 600 tonneaux.

L'*Océan* n'était blindé que jusqu'à la hauteur du pont de la batterie dans les parties placées sur l'avant et sur l'arrière du fort central. Le *Magenta* et le *Solferino* étaient des bâtiments à éperon, incomplétement blindés, comme l'*Océan* ; toutefois ils différaient de ce bâtiment en ce qu'ils n'avaient pas de fort central. Construits pour porter cinquante-deux canons de 16 centimètres, ils avaient été modifiés l'un et l'autre, depuis l'apparition de la nouvelle artillerie. Le *Magenta* avait reçu dix pièces de 24 centimètres dans sa batterie et quatre pièces de 19 centimètres sur le pont. Le *Solferino* avait subi une transformation plus considérable; outre les pièces de 24 centimètres dont sa batterie était armée, il avait, sur son pont, des pièces de même calibre installées sur des tours fixes avec plaques tournantes. La vitesse, aux essais de ces deux vaisseaux, avait été de 12 nœuds 88 centièmes pour le premier et de 12 nœuds 70 centièmes pour le second, avec une consommation, en vingt-quatre heures, de 177 tonneaux de charbon pour le *Magenta* et de 145 pour le *Solferino*. Ce dernier prenait 625 tonneaux et le premier 700 tonneaux de charbon, ce qui constituait, à toute vitesse, un approvisionnement de quatre jours.

Les dix frégates *Gauloise*, *Valeureuse*, *Magna-*

nime, Revanche, Provence, Savoie, Guyenne, Surveillante, Flandre et *Héroïne*, appartenaient au même type ; c'était la reproduction de la *Gloire*, avec quelques améliorations indiquées par l'expérience acquise dans la campagne d'essais de 1863. Ces frégates, mises en chantier en 1861, avaient été construites pour porter trente-quatre pièces rayées du calibre de 16 centimètres. Leur armement avait, depuis cette époque, subi diverses transformations. Au moment où la guerre éclata, elles avaient huit pièces de 24 centimètres en batterie, et sur le pont, les unes, six pièces de 16 centimètres, les autres, quatre pièces de 19 centimètres. Toutes avaient une pièce de ce dernier calibre dans l'hôpital, tirant en chasse dans la direction du bâtiment. Ces frégates portaient de 600 à 650 tonneaux de charbon, avec une consommation, à toute vitesse, qui n'était pas la même pour chacune d'elles. Cette dépense variait de 80 à 120 tonneaux. Aux essais elles avaient obtenu des vitesses comprises entre 13 et 14 nœuds. Le tirant d'eau des frégates, type *Guyenne*, était de 7 mètres à l'avant et de 8 mètres 40 centimètres à l'arrière. La *Couronne*, sans être exactement du même type, différait peu de ces frégates.

La *Gloire*, la *Normandie* et l'*Invincible* étaient les trois premières frégates cuirassées construites en France. Elles avaient été mises en chantier, après la guerre de Crimée, alors que, frappé des brillants résultats obtenus par les batteries flottantes, devant Kinburn, le département de la marine cherchait à résoudre le problème difficile de construire des navires ayant les mêmes avantages militaires et capables de tenir la mer. Ces frégates ne marchaient plus, consommaient beaucoup de charbon, et, en raison de leur degré d'usure, il n'avait pas été possible de les armer avec la nouvelle artillerie [1].

Les corvettes cuirassées étaient, à l'exception de la *Belliqueuse*, à éperon et à fort central. Ces corvettes portaient quatre canons de 19 centimètres, en batterie, et deux canons rayés de 16 centimètres, sur des tours fixes, à plaques tournantes, établies sur le pont. Elles prenaient 250 tonneaux de charbon, ce qui représentait quatre jours de marche à toute vapeur. Leur tirant d'eau était de 5 mètres 80 centimètres devant et de 6 mètres 90 centimètres derrière. Quoique leur déplacement, en charge, atteignît 3,400 tonneaux et que la date de leur construction fût récente, la force de leur marche n'était que de 450 chevaux. Les essais de ces corvettes

---

[1] La *Normandie* fut rayée des listes de la flotte aussitôt après la guerre.

avaient donné des résultats variant entre 11 et 12 nœuds. La première corvette cuirassée, la *Belliqueuse*, lancée à Toulon en 1865, avait conservé son armement primitif, savoir : quatre canons de 19 centimètres et six canons de 16 centimètres.

Nous arrivons aux garde-côtes *Rochambeau*, *Taureau*, *Cerbère*, et aux batteries flottantes. Le *Rochambeau*, construit en Amérique et lancé à New-York en 1865, avait été acheté par la France. C'était un monitor gigantesque, à fort central et à éperon, long de 115 mètres, large de 22, avec un tirant d'eau de 6 mètres. Son armement consistait en quatre canons de 27 centimètres et dix canons de 24 centimètres. Le *Taureau* et le *Cerbère*, béliers cuirassés à éperon, étaient destinés, concurremment avec les batteries flottantes, à assurer la sécurité des ports, des rades et du littoral. Les béliers, dont l'action avait lieu par le choc, n'avaient qu'un canon de 19 centimètres, dans une position dominante, sur un massif placé à l'avant. Les batteries flottantes appartenaient à différents modèles. Celles qui étaient armées avaient trois canons de 24 centimètres et quelques pièces d'un calibre inférieur, les autres avaient du 19 et du 16 centimètres. Enfin quelques-unes, qui dataient de la guerre de Crimée, n'étaient armées que de pièces de

16 centimètres et de canons de 50 à âme lisse. Si on excepte les quelques batteries flottantes armées de canons de 24 centimètres, ce matériel avait peu de valeur [1].

On comptait parmi nos corvettes à batterie barbette et avisos plusieurs types. Quelques-uns de ces bâtiments, comme le *Laplace*, le *Phlégéton*, le *Primauguet*, et même le *Cosmão* et le *Dupleix*, quoique ceux-ci fussent d'une construction plus récente que les premiers, étaient des marcheurs médiocres et de grands consommateurs de charbon. Leur armement consistait en pièces de 16 centimètres placées aux sabords du travers. Les avisos, appartenant soit au type *Limier*, soit au type *Bourayne*, étaient des bâtiments neufs; la plupart d'entre eux armaient pour la première fois. Les premiers avaient aux sabords quatre pièces de 14 centimètres, et, entre le mât d'artimon et le grand mât, une pièce de 16 centimètres qui pouvait être transportée à l'arrière. Les seconds avaient six pièces de 14 centimètres en batterie, et une pièce de 19 centimètres sur l'avant. Ces navires, mus par une machine, de 230 chevaux pour les uns, et de 250 pour les autres, atteignaient difficilement 12 nœuds en

---

[1] Depuis la guerre, cinq de ces batteries flottantes ont été rayées des listes de la flotte.

calme, et à cause de leur haute mâture, il suffisait d'un peu de vent et de mer debout pour leur faire perdre quelques nœuds. Une corvette à batterie barbette, de 450 chevaux, le *Château-Renaud*, faisait exception à cette règle. Une autre corvette de 450 chevaux, l'*Infernet*, avait aussi une grande marche, mais ce bâtiment ne fit sur la scène maritime qu'une très-courte apparition. En janvier 1871, il appareillait de Brest pour rallier le *Château-Renaud*, envoyé sur les côtes d'Amérique avec l'ordre d'intercepter les transatlantiques allemands. Ce bâtiment, à peine à la mer, trouva du très-gros temps, et, peu de jours après sa sortie, il fut contraint de rentrer au port. L'*Infernet* ne pouvait porter son artillerie, composée de trois pièces de 19 centimètres placées au milieu du navire, l'une à l'avant, la seconde au centre, et la troisième à l'arrière. L'arrière du navire avait beaucoup souffert, et il fallut remplacer les canons de 19 centimètres par des canons de 16 centimètres. Les préliminaires de paix étaient signés avant que cette corvette fût en état de reprendre la mer. L'*Aigle* et l'*Hirondelle*, anciens yachts impériaux, et le *Desaix*, ancien *Jérôme-Napoléon*, étaient des bâtiments de marche supérieure, surtout en comparaison avec les corvettes et avisos que nous pouvions employer.

Ces navires avaient obtenu les vitesses d'essai ci-après indiquées, savoir : l'*Aigle*, 13 nœuds 80 centièmes; l'*Hirondelle*, 17 nœuds; le *Desaix*, 14 nœuds 26 centièmes ; mais ces bâtiments, en raison du service auquel ils étaient affectés, n'avaient pas d'artillerie, et ils n'étaient pas disposés pour recevoir soit une, soit plusieurs pièces de gros calibre. On se contenta d'ajouter cinq canons de 12 en bronze aux deux pièces de même calibre qui constituaient l'armement du *Desaix* comme yacht. On procéda de la même manière pour l'*Hirondelle*, ce qui permit d'utiliser immédiatement ces deux bâtiments.

Il importait d'entrer dans ces détails techniques, afin de faire ressortir les conditions principales que remplissaient les divers navires de notre flotte, soit pour naviguer, soit pour combattre. A l'aide de cet exposé, il devient facile de se rendre compte de l'emploi auquel nos bâtiments pouvaient être affectés, en d'autres termes, du but utile que chacun d'eux pouvait atteindre.

Nous allons maintenant examiner quelles étaient les forces maritimes dont l'Allemagne disposait. La marine de la Confédération du Nord, quoique de création récente, avait déjà pris une certaine extension, et elle offrait, ainsi qu'on va le voir, des ressources dont un ennemi entreprenant pouvait tirer parti. Au début de la guerre, les Allemands avaient, à la mer ou dans les stations étrangères, quelques bâtiments parmi lesquels figuraient des corvettes à batterie couverte comme l'*Arcona* et la *Hertha*, portant vingt-huit canons et mus par des machines de 350 à 400 chevaux. Ces corvettes, qui marchaient médiocrement, avaient à craindre la rencontre de ceux de nos bâtiments qui auraient eu à la fois une grande marche et une bonne artillerie; mais elles étaient plus fortes, au point de vue militaire, que la plupart des bâtiments que nous avions dans nos stations lointaines au moment de la déclaration de guerre. A l'exception des quelques navires dont nous venons de parler, la flotte allemande était, en juillet 1870, près des côtes ou dans les ports de la Jahde et de Kiel. Elle comptait, outre un grand nombre de canonnières pouvant être utilement employées à la défense des côtes, quelques corvettes à batterie couverte, du modèle de l'*Arcona*, les corvettes à batterie barbette de 450 chevaux et de quatorze canons, l'*Augusta* et la *Victoria*, cette dernière du modèle de l'*Augusta*, aptes à faire le service de croiseurs rapides; enfin des avisos, parmi lesquels le *Grille*, ancien yacht du roi de Prusse, construit au Havre par le célèbre ingénieur français Normand, navire de très-grande marche, qui devait servir à éclairer l'ennemi sur nos mouvements le long de son littoral.

La fraction véritablement importante des forces maritimes de l'Allemagne était représentée par les frégates cuirassées *Roi Guillaume*, *Frédéric-Charles* et *Prince Héritier*. Le *Roi Guillaume*, bâtiment cuirassé à éperon, revêtu d'une armure de 20 centimètres d'épaisseur, portait vingt-trois canons de 96. La vitesse de ce navire, aux essais, avait dépassé 14 nœuds et demi, et son tirant d'eau était inférieur à celui de l'*Océan*. Le *Frédéric-Charles*, construit en France, quoique d'un modèle plus petit que nos frégates type *Guyenne*, était armé de seize canons de 96, c'est-à-dire du même calibre que ceux du *Roi Guillaume*. L'armement du *Prince Héritier*, le plus petit de ces trois navires, comportait également seize canons, les uns de 96 et les autres de 72. La vitesse d'essai de ce dernier bâtiment avait été de 14 nœuds, et celle du *Frédéric-Charles* de 13 nœuds. L'épaisseur de leur armure était comprise entre 12 et 13 centimètres. Ces trois cuirassés étaient de construction récente, puisqu'ils avaient été lancés, le premier en Angleterre en 1868, le second à la Seyne en 1867, et le troisième à Londres pendant le cours de la même année. Le *Roi Guillaume* était une machine de guerre plus puissante qu'aucune de nos frégates et que la plupart des cuirassés anglais. Les trois frégates allemandes étaient, sous le rapport de l'artillerie, fortement armées, puisque les deux premières portaient, l'une vingt-trois et l'autre seize canons de 96. Or, ce canon, en acier fondu, du poids de 14,650 kilogrammes, lance, avec une charge de 20 kilogrammes de poudre prismatique, des projectiles de 150 kilogrammes. D'après des expériences faites en Allemagne, en 1868, cette pièce, que les Prussiens regardent comme supérieure au canon anglais Armstrong de 9 pouces, traverserait, à la distance de 470 mètres, une plaque de 0^m209 millimètres, et à la distance de 700 mètres, une plaque de 0^m182 millimètres. Nous avons dit que l'artillerie du *Prince Héritier* était composée de canons de 96 et de 72. Cette dernière pièce, dite de 72 cerclée, perçait, si on s'en rapporte aux essais faits en Prusse à la même époque, des plaques de 0^m208 millimètres à la distance de 456 mètres [1].

On appréciera mieux la puissance de l'artillerie

---

[1] Ce résultat a lieu de surprendre, puisqu'il est semblable à celui obtenu avec le canon de 96. Nous l'indiquons néanmoins, parce qu'il est donné d'une manière très-affirmative dans les ouvrages suivants : *Rapport militaire* écrit de Berlin, 1866-1870, par le colonel baron Stoffel; *Description du matériel d'artillerie prussien*, d'après les ouvrages du capitaine Schott.

des cuirassés allemands, si on se rappelle que l'armement de nos frégates *Gauloise, Surveillante, Revanche,* etc., ne comportait que huit pièces de 24 centimètres lançant des projectiles de 144 kilogrammes, une pièce de 19 centimètres dont le projectile pèse 75 kilogrammes, et quelques pièces de 16 centimètres à peu près insignifiantes. Aux trois frégates cuirassées *Roi Guillaume, Frédéric-Charles* et *Prince Héritier* seraient venus se joindre, si la lutte avait eu lieu près des côtes, les monitors cuirassés *Arminius* et *Prince Adalbert,* armés l'un et l'autre de plusieurs pièces de gros calibre, marchant bien, surtout le premier, et tirant peu d'eau.

II

Plan de campagne définitif de la marine allemande. — Dispositions maritimes prises par les Français. — Envoi de deux escadres, l'une dans la Baltique, l'autre dans la mer du Nord.

Dès le début des hostilités, dans la guerre franco-allemande, la situation, au point de vue maritime, se dessina nettement. Le 19 juillet, date de la déclaration de guerre, il y avait déjà plusieurs jours que les navires prussiens qui naviguaient dans les mers d'Europe s'étaient mis à l'abri de toute atteinte, soit dans les ports de la Baltique, soit dans les ports de la mer du Nord. C'est le 16 juillet que l'escadre d'évolution, commandée par le prince Adalbert, prévenue à temps, sur les côtes d'Angleterre où elle évoluait, avait mouillé dans la Jahde.

Le rôle que devait jouer la marine de la Confédération avait été arrêté à l'avance dans les conseils du roi Guillaume. Les travaux de défense et l'armement des forts et batteries sur les côtes de la Baltique, et surtout à Kiel, étaient, en juillet 1850, parvenus à un état d'achèvement à peu près complet. Des torpilles, préparées depuis longtemps, étaient placées en réserve dans les arsenaux, et il suffisait d'un ordre du ministre de la guerre pour qu'elles fussent disposées aussitôt à l'entrée des ports et des fleuves. Telle était, au point de vue de la défense, la situation véritable des ports et du littoral allemand dans la Baltique. Cette situation avait été regardée à Berlin comme pleinement rassurante, et il avait été décidé qu'on ne laisserait dans cette mer que des corvettes en bois, des avisos et des canonnières, en un mot des bâtiments sans importance militaire. Quelle qu'ait été la confiance des Prussiens dans leur organisation militaire, confiance qui a amené cette guerre, ce n'est peut-être pas sans appréhension qu'ils eussent laissé à Kiel des forces navales qu'une défaite sur le Rhin pouvait mettre, en même temps que cette importante position, entre les mains des Français et des Danois. C'est sans nul doute ce sentiment qui les avait conduits, en prévision des événements, à pousser énergiquement les travaux de défense et d'armement de la baie de Kiel entrepris en 1867. Il avait été arrêté à Berlin que les cinq navires cuirassés qui constituaient la véritable force maritime de la Confédération, resteraient dans la Jahde. La mer du Nord offrait à l'escadre prussienne une bonne position maritime et militaire. Les bâtiments allemands, mouillés à Wilhemshafen, prenaient le large, si une occasion d'agir se présentait, avec une bien autre facilité que s'ils fussent restés dans la Baltique, dont on ne peut sortir que par une seule issue, facile à garder, le détroit du Cattégat. Dans l'hypothèse de l'envoi d'une expédition française dans le nord, la présence des cuirassés prussiens dans la Jahde constituait contre notre flotte de transports une menace qui nous obligeait à un plus grand déploiement de forces maritimes, et à une surveillance extrêmement active des embouchures de l'Elbe, du Weser et de la Jahde. Enfin, au mouillage de Wilhemshafen, les cuirassés prussiens se trouvaient bien placés pour défendre le cours de ces trois fleuves. L'*Arminius* et le *Prince Adalbert*, bâtiments à petit tirant d'eau, étaient dans de bonnes conditions pour surveiller les mouvements de nos navires le long du littoral. Telles étaient les dispositions, en ce qui concerne la marine, arrêtées en vue de la guerre dans les conseils du gouvernement allemand. Le plan de campagne adopté pour la marine était purement défensif. Il ne restait hors des ports allemands, quelques jours après la déclaration de guerre, que les bâtiments qu'il n'avait pas été possible de rappeler, c'est-à-dire ceux qui servaient dans les stations lointaines. Ces navires étaient les corvettes *Medusa* et *Hertha*, dans les mers de l'extrême Asie, et dans l'océan Atlantique, la corvette l'*Arcona* et la canonnière le *Météore*.

Dès le début de la guerre, il parut manifeste que la supériorité maritime de la France ne serait pas contestée. Notre commerce continua à naviguer avec une sécurité entière, tandis que celui de l'ennemi s'arrêta immédiatement. Cette situation ne pouvait être maintenue qu'à la condition de bloquer les ports allemands, ou d'exercer une telle surveillance qu'aucune escadre, division ou bâtiment, ne pût sortir sans être poursuivi par des forces supérieures. Si on se rappelle ce que nous avons dit de la composition de la flotte allemande, on voit qu'elle comptait trois frégates cuirassées d'une réelle importance et deux autres navires de plus petite dimension également cuirassés, l'*Arminius* et l'*Adalbert*. Ces bâtiments, qu'ils fussent réfugiés à Kiel ou dans la Jahde, devaient être soigneusement observés. Il fallait prévoir le cas où ces forces, se dérobant à notre surveillance, sortiraient de la Jahde pour se porter, soit dans la mer du Nord, soit dans la Baltique, où Kiel leur offrait un refuge. C'est pourquoi nous devions avoir dans la Baltique et dans la mer du Nord les forces suffisantes pour combattre l'ensemble de ces bâtiments, s'ils tentaient quelqu'une de ces surprises qui sont la ressource des faibles.

Le vice-amiral Bouët-Willaumez appareilla de Cherbourg, le 24 juillet, avec une escadre composée des bâtiments désignés ci-après, savoir : les frégates cuirassées *Surveillante*, portant le pavillon du vice-amiral commandant en chef; *Gauloise*, portant le pavillon du contre-amiral Dieudonné; *Flandre*, *Guyenne* et *Océan*; les corvettes cuirassées *Thétis* et *Jeanne d'Arc*, et quelques avisos. La mission de cette escadre consistait à surveiller les quelques navires de guerre laissés dans cette mer, les ports ennemis, et principalement Kiel, et à bloquer les côtes allemandes de la Baltique. Les forces dont l'amiral Bouët-Willaumez disposait pour satisfaire à ces obligations étaient, au point de vue des bâtiments de ligne, supérieures à ses besoins. Par contre, il n'avait pas un nombre suffisant de corvettes et d'avisos rapides, qui lui eussent été très-utiles dans cette mer. Mais, d'autre part, il ne faut pas perdre de vue que le plan de campagne arrêté dès le début de la guerre comportait l'envoi d'un corps d'armée dans la Baltique. Dans cette prévision, la marine avait réuni à Cherbourg une division d'infanterie de marine, armé des transports et préparé des approvisionnements. L'attaque de Kiel eût été certainement une des premières opérations exécutées par nos troupes. Dans cette affaire, la marine et l'armée devaient concerter leur action, et agir par terre et par mer contre les défenses de la ville et du port. Si l'expédition avait eu lieu, et nous venons de dire qu'il y avait toute chance, si ce n'est certitude, qu'il en fût ainsi, elle eût exigé le déploiement de forces maritimes dans la Baltique. Aux bâtiments cuirassés qu'emmenait l'amiral Bouët, il eût fallu en adjoindre d'autres, tels que le *Rochambeau*, l'*Onondaga*, les quelques batteries flottantes qui eussent pu rendre des services, en un mot tous ceux de nos navires propres à jouer un rôle dans cette affaire. Il n'y avait donc aucun inconvénient à envoyer, dès le 24 juillet, une escadre qui, par sa composition, ne représenterait qu'une partie des forces nécessaires pour opérer conformément à un plan qu'on devait mettre à exécution quelques jours plus tard. Pendant que l'amiral Bouët faisait route avec les bâtiments que nous avons désignés, on hâtait dans les ports l'armement de ceux qui n'étaient pas prêts au moment de son départ. Enfin, à la date du 24 juillet, l'escadre de la Méditerranée, dont nous parlerons plus loin, n'était pas arrivée à Brest. Or il était utile, jusqu'à ce que cette escadre eût paru dans la mer du Nord, que l'amiral Bouët fût en mesure d'envoyer, si besoin était, un détachement de sa flotte en observation devant la Jahde.

Afin d'en finir immédiatement avec cette question plusieurs fois controversée, de savoir s'il était possible ou non d'atteindre les cuirassés allemands avant que ceux-ci se fussent mis à l'abri dans un de leurs ports, nous ferons connaître les mouvements de ces bâtiments dans le cours du mois de juillet. Le 10 de ce mois, les frégates cuirassées *Roi Guillaume*, *Prince Frédéric-Charles* et *Prince Héritier* sortirent de Plymouth pour aller évoluer au large. Cette division fut rejointe presque aussitôt par le cuirassé *Prince*

Adalbert, laissé en arrière pour apporter à l'amiral les ordres que celui-ci, au courant de la situation politique, attendait de son gouvernement. Après avoir pris connaissance des dépêches qui lui étaient adressées, le commandant en chef de cette escadre, le prince Adalbert de Prusse, prit la route de la mer du Nord, et le 16 juillet tous ses bâtiments étaient mouillés devant le port Guillaume. Rappelons que la déclaration de guerre est du 19 juillet, et la démonstration sera complète. Tout ce qui a été dit sur la capture possible de l'escadre prussienne dans le trajet des côtes d'Angleterre aux côtes allemandes est du domaine de la fantaisie.

Lorsque les complications politiques survenues à la suite de la candidature du prince de Hohenzollern au trône d'Espagne, eurent pris un caractère de gravité tel que la guerre dut paraître inévitable, il eût semblé naturel que l'escadre d'évolution qui manœuvrait en ce moment dans la Méditerranée reçût l'ordre de se rendre immédiatement à Cherbourg. L'escadre d'évolution représente une force organisée, instruite, ayant de la cohésion, c'est-à-dire une force toujours prête à agir. A ce titre, c'est à elle qu'il appartient d'être mise la première en mouvement. Il n'en fut pas ainsi. On craignait, dit-on, à Paris, qu'il n'existât entre la Prusse et l'Espagne une entente secrète par suite de laquelle les cuirassés prussiens qui se trouvaient dans la Manche se fussent portés dans un des ports de cette puissance, et de là dans la Méditerranée, si cette mer avait été dégarnie de forces. Dans le cas où cette hypothèse fût devenue une réalité, l'ennemi eût eu la possibilité d'enlever les transports qui amenaient en France les régiments rappelés de l'Algérie. Dans tous les cas, nous nous trouvions dans la nécessité de suspendre tout mouvement de troupes entre l'Afrique et la France jusqu'à ce que des forces suffisantes eussent contraint les navires prussiens à la retraite. En conséquence, ce fut à Oran que l'escadre vint mouiller lorsque survinrent les premières difficultés politiques. Elle y resta jusqu'au 19 juillet, époque à laquelle elle reçut l'ordre de se rendre à Brest. L'amiral Fourichon quitta ce dernier port le 7 août, avec une partie de ses bâtiments, et le lendemain 8 il fut rallié, à son passage devant Cherbourg, par un certain nombre de navires qui se tenaient sous les feux, prêts à le rejoindre. Cette escadre, composée des frégates cuirassées *Magnanime*, portant le pavillon du commandant en chef; *Héroïne*, *Provence*, portant les pavillons des contre-amiraux Jauréguiberry et Devoulx; *Valeureuse*, *Re-*

vanche, *Invincible*; de la corvette cuirassée l'*Atalante*, et de quelques corvettes et avisos, fit route pour la mer du Nord, et, le 11 août, elle mouilla en vue d'Helgoland. Conformément à ses instructions, l'amiral déclara en état de blocus la partie des côtes allemandes comprenant les embouchures du Weser, de l'Elbe et de la Jahde.

On a paru surpris que nous ayons envoyé dans la Baltique, mer resserrée et peu profonde, des bâtiments cuirassés à grand tirant d'eau; cela vient sans doute de ce qu'on a oublié que nous n'en avions pas d'autres à opposer aux frégates cuirassées prussiennes. En 1870, il ne s'agissait pas de discuter la question des tirants d'eau de nos bâtiments de ligne, mais bien de se servir du matériel existant et d'en tirer le meilleur parti en nous conformant aux règles de la guerre. Nous aurons à examiner si nous étions en mesure d'envoyer d'autres bâtiments qui eussent agi sous la protection des cuirassés de ligne et quelles étaient sous ce rapport les ressources de nos arsenaux. Nous le répétons, aux bâtiments de ligne prussiens il fallait opposer des bâtiments de ligne français, et le fait même de notre supériorité maritime nous obligeait à avoir, aussi bien dans la Baltique que dans la mer du Nord, une escadre cuirassée plus forte que la totalité des navires cuirassés ennemis.

Nous avions à prendre des précautions de même nature relativement aux corvettes *Medusa*, *Hertha*, *Arcona*, et à la canonnière *Meteor*, c'est-à-dire à envoyer dans chacune de nos stations lointaines des renforts suffisants pour que les forces prussiennes fussent dans l'impossibilité de nous nuire. Le département de la marine avait aussi le devoir de mettre notre littoral à l'abri de toute attaque, non pas probable, mais possible de l'ennemi. Les batteries flottantes et les béliers avaient été armés pour répondre à ce besoin. Enfin, l'envoi sur toutes les grandes routes maritimes, et surtout aux atterrages de la Manche, de croiseurs chargés d'intercepter le commerce allemand, complétait l'ensemble des mesures que nous avions à prendre aussitôt après la déclaration de guerre.

III

Préparatifs faits par la marine en vue d'une expédition dans le Nord. — Les désastres de nos armées nous obligent à renoncer à ce projet. — Sphère d'action des flottes en dehors des rencontres sur mer.

Cette première partie de la tâche imposée à la marine une fois accomplie, quels services pouvait rendre notre flotte? Telle est la question que nous avons à examiner. Elle est d'une haute importance, car elle ne regarde pas seulement le passé, mais elle a surtout trait à l'avenir. C'est là qu'est l'intérêt principal du sujet. Il s'agit, en effet, de savoir quelle force la marine peut apporter à la défense nationale dans le cas où, par suite de circonstances que nous n'avons pas à prévoir ici, la France se trouverait engagée dans une nouvelle lutte avec l'Allemagne. Les militaires et les marins ont le devoir de faire de ces questions une étude constante. Les services que la marine pouvait rendre découlent des principes qui servent aujourd'hui de règle à l'emploi de la marine dans une guerre continentale, ainsi que nous le montrerons plus loin. Une forte escadre, à laquelle on eût adjoint une flotte de transport avec des troupes de débarquement, devait être considérée comme un corps placé à l'extrême gauche de l'armée française en marche vers le Rhin, corps mobile pouvant se porter sur le flanc ou sur les derrières de l'ennemi. Dans ces conditions, 30 ou 40,000 hommes pouvaient impunément, sous la protection de nos escadres, menacer le littoral de la mer du Nord ou de la mer Baltique, favoriser un soulèvement dans le Hanovre ou une alliance avec le Danemark. Il est de toute évidence que la mobilité même de ce corps eût retenu en Allemagne un nombre de troupes bien plus considérable, et qu'une semblable opération bien dirigée, avec une entente parfaite entre les militaires et les marins, ce qui eût certainement existé, eût été une entreprise des plus utiles à nos intérêts militaires. Nous possédions cette flotte de transport, que nous eussions complétée, si cela avait été nécessaire, avec des bateaux transatlantiques ou autres bâtiments à vapeur de commerce. Tout cela était absolument conforme aux règles de la guerre, et cela est si vrai que le plan du général de Moltke prévoyait cette éventualité. Quand l'armée allemande marcha en avant, elle laissa derrière elle une organisation militaire intérieure. L'Allemagne fut divisée en un certain nombre de gouvernements confiés à des généraux. Un de ces commandements, comprenant le littoral de la Baltique et de la mer du Nord, fut donné au général Vogel de Falkenstein, auquel le général de Moltke laissa 100,000 hommes. Avec la marine et 30,000 hommes bien dirigés, nous maintenions ces 100,000 Allemands chez eux.

Telle était la nature des services que pouvait rendre la marine. Voilà ce que représentait la flotte de transport, appuyée sur une flotte de guerre maîtresse de la mer. Cette ressource existait alors, elle existe aujourd'hui, elle existera demain si nous le voulons, mais il est clair qu'elle ne sera utile qu'à la condition d'avoir des troupes. Ce sont les désastres survenus dès les premiers jours de la lutte qni ont privé la marine de cette action légitime. Avons-nous besoin de rappeler les événements de cette guerre ? A la fin de juillet 1870, la concentration des troupes allemandes était opérée. Dans les premiers jours du mois d'août, trois armées, l'une, sous Steinmetz, de 60,000 hommes, la seconde, sous le prince Frédéric-Charles, de 140,000 hommes, la troisième, également de 140,000 hommes, sous le prince royal, marchaient sur la France. Ces 340,000 combattants convergeaient sur un point, entre Forbach et Wissembourg. A ce moment, c'est-à-dire dans les premiers jours du mois d'août, notre formation n'était pas achevée, et 250,000 soldats étaient répandus sur notre frontière, de Vionville à Belfort. Le 4 août, l'armée du prince royal, forte de 140,000 hommes, ainsi que nous venons de le dire, rencontra à Wissembourg la division d'Abel Douay, qu'elle rejeta sur le corps du maréchal Mac-Mahon. Le 6 août, le duc de Magenta fut attaqué à Reichshoffen, où 30,000 Français luttèrent héroïquement contre les masses prussiennes. Grâce à l'admirable bravoure de nos troupes, il y eut un moment où la balance sembla pencher en notre faveur. Le prestige du drapeau n'avait encore reçu aucune atteinte, et nos troupes combattaient avec une indomptable résolution. Il fallut céder au nombre. La gloire des vaincus restera intacte. La France retrouvera les soldats de Reichshoffen; mais qu'elle sache bien, si elle était tentée de l'oublier, que dans aucun temps elle n'a compté dans ses armées des officiers et des soldats plus braves et plus dévoués. Le même jour, l'aile droite de l'armée allemande livrait le combat de Forbach. Débordés de toutes parts, les corps français furent contraints de se mettre en retraite.

Ainsi, dès le 6 août, il n'existait plus d'obstacles à la concentration des armées allemandes sur notre sol. Elles pouvaient désormais agir en masses compactes contre les corps qui n'avaient pas combattu. Les batailles de Borny, de Vionville et de Gravelotte, furent livrées les 14, 16 et 18 août. Nos soldats luttèrent valeureusement contre des forces supérieures, dans ces formidables rencontres où, de part et d'autre, on compta de 15 à 20,000 hommes hors de combat. Notre armée ne rompit pas le cercle qui l'entourait, et Bazaine resta sous Metz. Le 2 septembre, l'armée envoyée à son secours, et avec laquelle on pouvait espérer qu'il opérerait sa jonction, succomba à Sedan. A cette date, il ne restait à la France, comme corps organisé, que celui du général Vinoy, comptant à peine 40,000 hommes et composé presque en entier de troupes de nouvelle formation. Avant d'avoir eu la possibilité de se mesurer à armes égales avec l'Allemagne, la France était surprise et écrasée. Nous perdions nos soldats et jusqu'à la possibilité d'en former d'autres, puisque nos cadres disparaissaient avec eux. Telle a été la fatalité de cette guerre.

Dans la situation où se trouvait la France, au lendemain de ces défaites, il est de toute évidence que nul ne pouvait songer à une expédition militaire et maritime dirigée contre le littoral ennemi. On peut dire d'une manière générale qu'une armée ne peut pas faire de diversion importante sur ses ailes lorsqu'elle n'a pas de forces suffisantes pour résister sur son front, alors même qu'elle n'aurait d'autre objectif que de se maintenir sur une stricte défensive. Quoi qu'il en soit, depuis le jour où la guerre fut déclarée jusqu'à celui où la France fut contrainte d'accepter la paix, il ne s'est pas rencontré un moment où il ait été possible de distraire un soldat aux rangs déjà trop clair-semés des armées improvisées de la France. Si donc la marine n'a pas contribué au succès d'une opération militaire et maritime contre l'Allemagne, ce n'est pas qu'elle ne fût pas prête, ce n'est pas davantage parce qu'elle n'avait pas de flotte de transport. La France, malheureuse sur les champs de bataille, envahie par l'ennemi, n'a pas eu de soldats à mettre sur cette flotte. Ainsi les désastres de nos armées enlevèrent à la flotte le rôle qui lui incombait, qui était bien le sien, et pour lequel son matériel était préparé.

Dans les nouvelles conditions qui lui étaient faites par les événements, quels services était-elle appelée à rendre après avoir assuré, ce qui était le premier de ses devoirs, la sécurité du commerce et de notre littoral? Croit-on qu'il était en son pouvoir, en agissant avec ses seules ressources, de retenir en Allemagne, je ne dirai pas les troupes, mais une fraction importante des troupes du général Vogel de Falkenstein? Y avait-il un plan, une combinaison pouvant amener ce résultat? L'intelligence joue à la guerre un rôle considérable, et dans tous les succès une grande part lui revient, mais l'intelligence la plus haute est impuissante quand elle ne s'appuie sur rien. Trente mille hommes embarqués sur l'escadre retenaient et retiendraient en pareil cas en Allemagne des forces considérables, parce que la mobilité de la flotte eût constitué une force au profit de ces 30,000 hommes. L'ennemi ignorant où ils peuvent se porter, est en échec sur tous les points vulnérables. C'est ce qui est arrivé aux États-Unis, pendant la guerre de la Sécession. Les garnisons de Charlestown, de Mobile, de Savannah et de Wilmington, et ceci au grand détriment des affaires militaires de la Confédération du Sud, sont restées jusqu'au dernier jour à leurs postes, prêtes à repousser l'attaque des fédéraux. Cependant la guerre de la Sécession commence en avril 1861, et les ports désignés ci-dessus sont pris en 1864 et en 1865. L'ensemble de ces garnisons a toujours été plusieurs fois supérieur à la totalité des troupes employées dans chacune de ces expéditions maritimes et militaires, que les fédéraux faisaient à leur temps, à leur heure, et qu'ils dirigeaient sur tel point qu'ils jugeaient convenable. Ce n'était donc pas pour se défendre contre les escadres que les confédérés conservaient dans les grands ports des soldats qu'ils eussent préféré envoyer aux armées. Ils avaient en vue les troupes de débarquement qui accompagnaient ces escadres. Les bâtiments agissent avec le canon, et c'est avec le canon qu'on leur répond. L'infanterie, la cavalerie, de même que l'artillerie, n'apparaissent que lorsqu'on voit des soldats sortir des flancs des navires. Jusqu'à ce moment, les troupes savent qu'elles n'ont aucune part à prendre au combat d'artillerie engagé entre les forts ou batteries élevés sur les côtes, et les flottes, escadres ou bâtiments ennemis.

La défense a été et sera toujours proportionnée aux moyens connus ou présumés de l'attaque. Cela est élémentaire. Dans nos longues guerres maritimes avec l'Angleterre, nous ne nous sommes préoccupés d'envoyer dans nos ports des forces militaires importantes, que lorsque nous avons vu les Anglais réunir des troupes et préparer, en même temps que la flotte de guerre, une flotte de transport. C'est ainsi qu'en 1694, sous le règne de Louis XIV, Vauban accourut à Brest en toute hâte pour presser les travaux de fortification et diriger la défense du port. Le ministre de la guerre prit, au même moment, les mesures compatibles avec la situation militaire pour lui expédier des troupes. Le Roi avait appris d'une source qu'il considérait comme certaine, que l'expédition anglaise, dont les apprêts se faisaient à Portsmouth, était destinée à agir contre Brest. Le 17 juin, la flotte anglaise, composée de trente bâtiments de guerre et de quatre-vingts bâtiments de transport, mouilla sur nos côtes, entre Bertheaume et Camaret. Le lendemain, les Anglais tentèrent, sous la protection de leurs vaisseaux qui canonnaient les forts de la côte, de mettre leurs troupes à terre. Celles-ci furent si bien accueillies par les nôtres, qu'elles durent se rembarquer après avoir subi de grandes pertes. L'expédition anglaise reprit la route de Portsmouth. L'ennemi s'était à peine éloigné que le ministre enlevait à Vauban les troupes qu'il avait mises à sa disposition. Il n'est pas jusqu'aux travaux de défense que Vauban ne dût ralentir. Le ministre, qui ne voyait plus le danger pressant, ne lui accordait que d'une main très-parcimonieuse des fonds pour cet objet.

Pendant nos longues guerres avec l'Angleterre, nous avons réussi plusieurs fois à débarquer des troupes en Irlande. Dans ce pays, qui a toujours supporté et qui supporte encore impatiemment le poids de la domination anglaise, nous avions l'espérance de rallier les mécontents et de décider par notre présence un soulèvement national. En raison de ces circonstances, toutes les fois que l'état de guerre a subsisté entre nous et les Anglais, ces derniers ont pris vis-à-vis de l'Irlande quelques précautions militaires, mais ils n'ont jamais immobilisé des forces considérables, en vue d'un débarquement des Français, lorsqu'ils n'avaient aucune connaissance des préparatifs faits dans nos ports pour une expédition de cette nature. Est-ce que l'Angleterre a maintenu pendant toute la durée de la guerre, c'est-à-dire jusqu'en 1814, les grands armements militaires faits en toute hâte à une époque où, du haut des falaises de Douvres, on pouvait apercevoir la flotte destinée à jeter sur ses rivages une armée française? Aussitôt que le gouvernement de la Grande-Bretagne eut appris la levée du camp de Boulogne et la marche de nos troupes vers l'Allemagne, il fit subir à l'état militaire de la Grande-Bretagne des modifications en rapport avec la nouvelle situation de la France engagée dans une guerre continentale. Croit-on que la Russie eût envoyé beaucoup de troupes en Crimée, alors même que les escadres de l'Angleterre, de la France et de la Turquie n'eussent cessé de croiser dans la mer Noire, si pas un soldat français ou anglais n'avait franchi le détroit des Dardanelles? Nous pourrions citer d'autres exemples, mais ce serait les multiplier inutilement. Ainsi il est bien entendu que la marine agissant seule était impuissante à retenir des troupes en Allemagne, excepté dans la mesure proportionnée à ses moyens d'attaque, considérés au point de vue d'une descente à terre. Ces moyens d'attaque, nous allons les faire connaître, en nous plaçant, bien entendu, dans l'hypothèse d'un débarquement. Les frégates cuirassées avaient 580 hommes d'équipage et les corvettes 330. Nos escadres de la Baltique étaient composées de cinq ou six frégates et d'une ou deux corvettes cuirassées, disons six frégates, une corvette et quelques avisos. Il suit de là que la totalité des équipages d'une de ces escadres s'élevait à 4,000 hommes, sur lesquels il n'eût été possible de mettre à terre qu'un nombre d'hommes compris, suivant les cas, entre 800 et 2,000 hommes. Nous allons expliquer pourquoi le nombre des hommes à débarquer ne peut pas être le même dans toutes les circonstances. Supposons une flotte à un ancrage sûr, n'ayant rien à craindre de la terre ou ayant réduit au silence les batteries que l'ennemi lui opposait. Cette flotte pourra débarquer une partie de ses équipages, et elle enverra, non-seulement les hommes armés de fusils dont le nombre est limité, mais encore des hommes armés de sabres et de revolvers, s'ils peuvent rendre des services. Si, au contraire, cette flotte est engagée dans un combat à coups de canon avec les forts de la côte, elle pourra tout au plus, à cause de la nécessité de conserver le personnel nécessaire au service de son artillerie, débarquer cent hommes par frégate.

Ces détails, inutiles peut-être en Angleterre ou en Amérique, où tout ce qui regarde la marine est mieux connu que dans notre pays, étaient nécessaires afin d'établir la sphère d'action de nos flottes, dont on paraît ne s'être rendu nul compte en France. Une nouvelle illusion serait de croire qu'une escadre qui n'est pas accompagnée par une flotte de transport, réussisse à dissimuler à ses adversaires le nombre d'hommes dont elle dispose pour un débarquement. Il n'est pas une nation maritime qui, à l'apparition d'une flotte ennemie sur son littoral, ne sache, à quelques centaines d'hommes près, quel est l'effectif de ses équipages. On pourrait presque ajouter qu'il n'est pas un cuirassé, appartenant à une puissance quelconque, qui ne soit connu de toutes les autres sous le rapport de la puissance de la machine, de l'artillerie et du personnel. Les Allemands étaient aussi bien renseignés sur les divers types de notre flotte, que nous l'étions nous-mêmes sur le *Kœnig Wilhelm*, le *Frédéric-Charles* et le *Prince Héritier*.

Nous avons montré que nos escadres étaient condamnées à l'inaction sur mer, par suite de la décision prise par l'ennemi d'éviter toute rencontre au large. Nous avons montré également que c'était pleinement méconnaître le rôle des escadres que de les croire capables, par leur seule présence, de retenir des troupes nombreuses en Allemagne. Il nous reste à examiner ce que ces escadres, qui étaient puissantes par l'artillerie, pouvaient faire contre le littoral ennemi en agissant par le canon. Comme nous l'avons dit, nous laisserons de côté les questions secondaires, les attaques sur les points isolés ou sans importance placés sur les côtes allemandes de la Baltique et de la mer du Nord, et nous irons droit à ce qui est véritablement le fond du débat : Les escadres pouvaient-elles et devaient-elles attaquer Kiel et le port Guillaume?

IV

Description de la baie de Kiel. — Route à suivre pour arriver devant la ville. — Défenses de la baie et des établissements maritimes du côté de la mer. — Conséquences probables d'une entrée de vive force tentée par une escadre.

La ville et le port militaire de Kiel sont situés au fond d'une des nombreuses baies qui découpent la partie orientale de l'ancien duché de Schleswig-Holstein. L'entrée est formée au nord par les terres les plus à l'est du Schleswig et au sud par la partie nord du Holstein. Cette baie se divise en deux parties. La première commence à la pointe Bulk, sur la côte du Schleswig, et elle s'étend jusqu'à la forteresse de Frédéricksort; la seconde part de Frédéricksort, et elle va jusqu'à la ville. Après avoir doublé la pointe Bulk et à mesure qu'on avance vers le sud, les terres vont en se rapprochant jusque par le travers de Frédéricksort, où se trouve la partie la plus étroite de cette première baie. C'est là que commence plus particulièrement la baie de Kiel. La distance de Frédéricksort à la terre la plus rapprochée de l'autre bord est de 1100 mètres. Les deux côtés de la baie, lorsqu'on pénètre plus avant, en se dirigeant vers la ville, vont en s'élargissant, sans toutefois que la plus grande largeur dépasse 2,200 mètres. Après avoir parcouru de 5 à 6,000 mètres, et un peu avant d'arriver à la hauteur du feu de Dusternbrook, les terres se rapprochent de nouveau et le chenal se rétrécit. A un peu moins de 3,000 mètres dans le sud-ouest du feu de Dusternbrook, sur le côté droit de la baie, en entrant, se trouvent la ville de Kiel, et sur le côté opposé, à Ellerbeck, le port militaire. En cet endroit, le chenal n'a plus que 600 mètres de largeur. L'opération, soit pour un bâtiment, soit pour une escadre, venant du large, de se rendre à Kiel ou à Ellerbeck, peut se résumer ainsi qu'il suit : doubler Frédéricksort, traverser la baie dans toute sa longueur, s'engager dans la partie un peu plus resserrée qui commence au sud de la baie, et mouiller devant la ville ou, avant d'y arriver, par le travers des établissements de l'État.

La configuration des terres, sur les deux bords de la baie, rend facile la défense du port contre une attaque venant de la mer. La baie de Kiel est entourée, dans presque toute sa longueur, d'une ceinture de collines dont la hauteur moyenne est d'environ 30 mètres. Les points culminants sont à petite distance, et les sommets les plus éloignés n'en sont pas à plus de 1200 à 1500 mètres. Sur quelques points, des falaises coupées à pic, d'une hauteur de 15 à 20 mètres, s'avancent dans la mer. Ces dispositions naturelles ont pour double conséquence de faire de Kiel un mouillage sûr et un point facile à défendre du côté de la mer. Lorsque Kiel était au pouvoir des Danois, Frédéricksort était un petit fort à cinq bastions, entouré d'un large fossé et pouvant contenir de 12 à 1500 hommes. Sur les deux bords de la baie s'élevaient quelques batteries construites de manière à tirer sur les bâtiments faisant la route qui de Frédéricksort mène à la ville et au port militaire.

Les Prussiens, après l'issue de la guerre avec le Danemark, s'occupèrent très-activement de réparer et d'augmenter les fortifications élevées par les anciens possesseurs. La création de la Confédération de l'Allemagne du Nord, et par suite d'une marine de cette nouvelle Confédération, donna une et plus énergique impulsion aux travaux en voie d'exécution. Une commission fut chargée de présenter un projet relatif à la défense des côtes de l'Allemagne du Nord et particulièrement de Kiel, dont on voulait faire le grand arsenal de la Baltique et une place forte de premier ordre. Il fut décidé qu'on construirait une ceinture de forts détachés établis sur les hauteurs aux pieds desquelles sont situés la ville et le port. Ceux de ces forts qui regardaient la mer étaient placés dans une position dominante par rapport au bassin du port, et une partie de leur artillerie était disposée de manière à tirer sur une escadre ennemie engagée dans la baie. Dans ce projet, la baie de Kiel était défendue par des ouvrages fermés pouvant contenir 300 ou 400 et jusqu'à 1000 hommes de garnison; l'armement des forts et batteries comportait des pièces de 72 et de 96. En janvier 1868, ces travaux étaient en pleine activité. Des ressources spéciales, imputées au budget extraordinaire de la marine de la Confédération, étaient affectées aux travaux exécutés dans les ports de la Jahde et de la Baltique. Le budget voté dans le courant de cette même année pour l'année suivante dota encore plus libéralement le chapitre des dépenses extraordinaires de la marine [1].

Lorsque survint la guerre, le plan de la défense de Kiel, tel qu'il avait été conçu à Berlin, n'était pas complétement exécuté. Toutefois les travaux étaient assez avancés pour offrir les éléments d'une résistance solide à toute attaque venant de la mer. Les ouvrages importants étaient armés avec des pièces appartenant à la nouvelle artillerie. L'entrée de la baie était défendue par les positions de

---

[1] Nous relevons dans ce même budget ce qui suit : Continuation des travaux du port de la Jahde, 2,000,000 de thalers; fortifications du port, 400,000 thalers; payement pour ce qui reste dû pour achat d'un vaisseau brûlot, 15,000 thalers; constructions dans le port de Kiel, 1,000,000 de thalers; armement dans le port de Kiel, 400,000 thalers; achat de grosse artillerie et expériences de tir, 300,000; défense sous-marine du port, 10,000 thalers; construction de navires, 1,704,198 thalers, etc. Le total des dépenses figurant au budget extraordinaire s'élève à près de six millions de thalers pour l'année 1865. En 1868, la marine n'avait eu que trois millions et demi de thalers sur le budget extraordinaire.

la montagne Brune[1], sur la côte du Schleswig, et de Laboé, sur la côte du Holstein, toutes deux en avant de Frédéricksort, c'est-à-dire dans la première baie lorsqu'on vient du large; puis venaient la forteresse de Frédéricksort et les batteries de Mollenort et de Jagerberg, situées en dedans de Frédéricksort et battant l'entrée de la rade. Pour compléter le système de défense, les Allemands barrèrent l'entrée de la baie à la hauteur de Frédéricksort, c'est-à-dire sur un point où venaient converger les feux d'une puissante artillerie. Des torpilles furent disposées en avant et autour de cette estacade. Les Allemands n'avaient à Kiel que l'*Élisabeth*, corvette à batterie, et quelques petits bâtiments qu'on n'avait pas l'intention d'envoyer à la mer. Ils n'avaient par conséquent aucune préoccupation à l'endroit des difficultés qu'un barrage pouvait apporter à la circulation de leurs navires. Or, si les barrages ont l'inconvénient de gêner la circulation de ceux-là mêmes qu'ils protègent, par contre ils constituent, dans les ports ou rades où ils peuvent être établis, non-seulement un moyen de défense excellent,

---

[1] C'est dans cet ouvrage, élevé de 25 mètres au-dessus de l'eau et qui bat directement l'entrée de la baie, que se trouvait le canon rayé de 36 centimètres envoyé par M. Krupp à l'Exposition française de 1867.

mais le plus souvent un obstacle infranchissable, aussi longtemps que les batteries qui le commandent ne sont pas réduites. Les Prussiens avaient une parfaite confiance dans la force des défenses de Kiel et du littoral de la Baltique, ainsi qu'on pourra en juger par l'extrait suivant, emprunté à l'ouvrage de l'état-major allemand et cité par la *Correspondance* de Berlin. « En revanche, pour la défense de la Baltique, il suffisait de forces relativement moindres pour protéger les ports et les embouchures de concert avec les fortifications côtières, dont l'armement et l'achèvement marchaient à grands pas, à Kiel surtout. En outre, on avait fermé les fleuves et placé partout des torpilles. »

L'escadre chargée d'attaquer Kiel eût eu tout d'abord cette première question à résoudre : Comment pénétrerait-elle dans la baie ? Nous avons dit que la passe, devant Fredericksort, était barrée et garnie de torpilles ; toutefois, il n'était pas douteux que les Allemands n'eussent conservé un passage libre à travers le barrage. Notre escadre devait-elle chercher ce passage sous le feu de l'ennemi, en sacrifiant quelques-uns de ses navires pour atteindre ce résultat, ou ne se présenter devant Fredericksort que lorsque les forts, dont les feux convergeaient sur l'entrée, eussent été réduits au silence? Cette méthode était évidemment la seule praticable en présence de fortifications sérieuses, surtout dans le cas qui nous occupe. Il ne faut pas perdre de vue que la flotte, après être entrée dans la baie de Kiel, devait reprendre la même route pour gagner le large, après avoir détruit, si cela eût été possible, l'arsenal maritime. Mais, d'autre part, attendre que les batteries de Frauenberg, de Laboé, de Frédéricksort, et les autres ouvrages qui défendaient l'accès de la baie, eussent cessé le feu, c'était courir le risque d'épuiser ses munitions dans une lutte qui pouvait difficilement amener un résultat décisif. En effet, lorsqu'une escadre qui combat contre un fort ou des batteries n'a pas de troupes de débarquement pour l'assister dans cette opération, elle doit démonter jusqu'au dernier canon pour faire taire le feu de l'ennemi, et renverser jusqu'au dernier pan de mur pour chasser les canonniers et les empêcher de profiter du moment favorable pour réparer leurs avaries. Dans le cas actuel, les ouvrages que notre escadre aurait eu à combattre eussent possédé, comme réserve de personnel et de matériel, toutes les ressources du port militaire et aussi toutes celles qu'un semblable événement eût fait affluer sur les lieux. Selon toute probabilité, en agissant ainsi, nous en serions restés aux préliminaires de l'opération. Si donc notre flotte eût voulu pénétrer dans la baie, quoi qu'il pût en coûter, elle était forcément conduite à prendre le premier parti. Nous allons admettre qu'elle ait réussi à franchir le passage. Elle se fût aussitôt dirigée vers les établissements maritimes, en échangeant des boulets avec les ouvrages élevés sur les hauteurs que commandait la grande rade [1]. Toutefois elle ne se fût pas arrêtée pour combattre, afin de ne perdre ni son temps ni ses munitions. Arrivée dans la partie sud de la baie, elle eût été accueillie par le feu des forts et batteries établis autour de la ville, dans une position dominante par rapport au bassin du port. La seule raison d'être de son opération étant la destruction de l'arsenal allemand, elle eût pris la position qui lui eût semblé la plus favorable pour le canonner. C'est, en effet, tout ce qu'elle pouvait faire. Combien de temps serait-elle restée en rade, exposée à des pertes très-sérieuses, sans être

---

[1] La défense des ports et des rades comporte aujourd'hui trois éléments : les forts ou batteries, les torpilles et la défense mobile, représentée par les béliers et les batteries flottantes à petit tirant d'eau. En ce qui concerne les batteries de terre, la meilleure disposition consiste, lorsque le terrain se prête à leur établissement, en batteries rasantes combinées avec des batteries à tir plongeant.

en mesure d'infliger à l'ennemi des dommages bien considérables? Eût-elle tenté, pour achever son œuvre plus promptement, une descente avec les 100 ou 120 hommes que chaque frégate cuirassée pouvait mettre à terre? Kiel communique, par le chemin de fer, avec Remsbourg et autres points. On ne peut douter que, dès le premier coup de canon, le personnel nécessaire, s'il n'y eût été déjà, serait arrivé sur les lieux. Les troupes se fussent tenues hors de portée du canon, prêtes à intervenir si nous débarquions. Dès le début de la lutte, les forts qui eussent souffert auraient reçu les secours en hommes et en matériel dont ils eussent eu besoin. Telle eût été la situation en face de laquelle se fût trouvée cette escadre. La force des choses l'eût contrainte de prendre la seule résolution sensée en pareille circonstance. Elle aurait fait route pour sortir de la baie, presque aussitôt après y être entrée, et les Prussiens se seraient, non sans raison, attribué la victoire. Notre escadre serait-elle parvenue à regagner le large sans pertes? Il est difficile de le croire, quand on songe à la puissante artillerie ennemie et aux positions dominantes qu'elle occupait. D'autre part, quel eût été notre objectif? A quel résultat pouvait nous conduire cette promenade à travers la baie de Kiel, sous le feu plongeant des forts, feu particulièrement dangereux pour des frégates cuirassées dont le pont n'est pas abrité? Tout ce à quoi nous pouvions prétendre, c'était de forcer l'ennemi à couler l'*Élisabeth*, corvette à batterie en bois, et quelques canonnières ou petits navires. Les Prussiens les auraient évidemment coulés plutôt que de les laisser tomber entre nos mains. Ils n'eussent même pas été réduits à cette extrémité. Il leur eût suffi d'alléger ces bâtiments et de les conduire au-dessus de la ville, aussi loin que leur eût permis leur tirant d'eau. Nous n'aurions été les chercher là ni avec nos bâtiments, ni avec nos embarcations. Aurions-nous réussi à détruire la frégate cuirassée qui était sur les chantiers et dont la construction était d'ailleurs peu avancée? C'est plus que douteux, puisque nous ne pouvions mettre pied à terre. Enfin l'établissement naval que les Prussiens se proposaient de faire était à peine ébauché, et, sous ce rapport, les pertes infligées à l'ennemi n'eussent pas été considérables. En résumé, étant donné, d'une part, le but à atteindre, d'autre part, les risques à courir, il ne pouvait et il ne devait pas être question d'une attaque purement maritime sur Kiel.

La situation de la marine eût été tout autre, si, au début de la guerre, nous avions été en position d'envoyer dans le nord une grande expédition maritime et militaire. C'est ce que craignait le général de Moltke, qui savait très-bien que cette éventualité pèserait sur la campagne des Allemands aussi longtemps qu'ils n'auraient pas remporté de succès de nature à retenir nos troupes sur notre propre territoire. Cette expédition, dont nous n'avons le droit de parler que d'une manière hypothétique, eût été peut-être une réalité, malgré l'imperfection de nos institutions militaires, si le mécanisme de la mobilisation et de l'appel des réserves, étudié et expérimenté pendant la paix, avait fonctionné chez nous d'une manière aussi sûre et aussi prompte que chez nos adversaires. Quoi qu'il en soit, l'hypothèse de l'expédition étant admise, la position de la flotte d'attaque eût été absolument autre. Sans parler du Danemark, dont l'alliance eût été la conséquence de nos premiers succès, nous aurions pris, sur la côte du Schleswig, un port qui eût servi de base à notre opération. Là seraient venus, non-seulement nos grands bâtiments cuirassés, en y comprenant le *Rochambeau*, mais l'*Onondaga*, nos plus fortes batteries flottantes, des canonnières, des petits navires; en un mot, des bâtiments qui tiennent mal la mer, et que, pour cette raison, on ne pouvait pas adjoindre à une flotte faisant une croisière. Or, ces navires eussent été très-nécessaires dans une attaque contre Kiel. Notre matériel, au point de vue d'un siége maritime, était insuffisant. Nous n'avions pas de bombardes et très-peu de cuirassés à petit tirant d'eau. Mais au moins, avec une base d'opération sur la côte du Schleswig, nous aurions eu tout ce que nos arsenaux renfermaient d'utile pour cette opération.

Avant de terminer ce qui a trait au rôle de la marine dans la Baltique, nous dirons que le littoral de cette mer est, sur presque toute son étendue, défavorable à l'opération d'un débarquement. Il y a très-peu de points dont une flotte de grands navires puisse s'approcher. Ces points-là sont naturellement très-sérieusement fortifiés. Partout ailleurs on trouve des plages basses qui s'étendent assez au large pour obliger les grands navires à mouiller à une distance où leur artillerie ne jouerait aucun rôle. Un matériel maritime spécial serait donc nécessaire en pareille occurrence.

V

Description du port Guillaume. — Route pour entrer dans la Jahde. — Conditions auxquelles sont soumis les mouvements des bâtiments passant de la Jahde dans les bassins intérieurs. — Défenses du port. — Examen des résultats probables d'une attaque du port Guillaume faite par une escadre française.

La Jahde, le Weser et l'Elbe se jettent dans la mer du Nord, au milieu d'un vaste estuaire parsemé de bancs. C'est à travers ces bancs qu'il faut naviguer pour aller soit au port Guillaume, port militaire des Allemands, soit à Brême, soit à Hambourg. L'île d'Helgoland, dont il a été beaucoup question pendant la guerre de 1870-1871, se trouve placée comme une sentinelle avancée à petite distance dans l'ouest de la côte allemande. Lorsqu'on vient du large avec l'intention d'entrer dans la Jahde, on doit diriger sa route de manière à venir reconnaître l'île Wangerooge, située à la partie sud de ce vaste espace où viennent se confondre les eaux des trois fleuves. Après avoir prolongé la partie nord de cette île, de l'ouest à l'est, on vient sur la droite et on court, dans la direction du sud, jusqu'à ce qu'on ait atteint l'extrémité nord de la rive gauche du fleuve. L'île Wangerooge est séparée de la terre par un banc qui découvre à mer basse. On court alors parallèlement à la côte, en se maintenant dans le chenal fermé, à droite, par un banc qui s'étend le long de la côte, et de l'autre bord, par un vaste plateau sur lequel il y a très-peu d'eau à mer basse, et qui sépare le cours de la Jahde de celui du Weser. Après avoir fait environ quinze milles dans cette direction, on arrive par le travers de l'entrée du port Guillaume. Avant 1857, l'emplacement sur lequel se trouve aujourd'hui le nouveau port militaire des Allemands était un terrain bas, marécageux et envahi par la mer dans les grandes marées [1]. La Prusse avait la volonté très-arrêtée de posséder un port de guerre dans la mer du Nord. Elle ne recula devant aucune difficulté et elle poursuivit, dès cette époque, son œuvre avec une persévérance qui ne s'est pas démentie. Avec beaucoup d'art et surtout avec beaucoup d'argent, elle parvint à triompher des obstacles que la nature lui opposait.

Les ingénieurs chargés de la création du port Guillaume construisirent tout d'abord des di-

[1] Le terrain sur lequel s'élève aujourd'hui le port Guillaume appartenait au grand-duché d'Oldenburg. Il a été cédé à la Prusse en 1853.

4.

gues pour défendre, contre les empiétements de la mer, la partie de la rive du fleuve que devait embrasser le futur arsenal. Ces premières digues, dites digues protectrices sur le plan, une fois terminées, il restait à raffermir le sol, creuser les bassins et élever les édifices. Deux jetées, plus hautes de quelques mètres que les digues extérieures et élevées en dedans des premières, formèrent la partie de l'enceinte du port faisant face au fleuve. Les deux digues extérieures et les murailles de l'enceinte vinrent s'appuyer sur l'extrémité de deux grandes jetées perpendiculaires au rivage et destinées à donner accès dans le port. L'espace compris entre les digues bordant le rivage et les murailles de l'enceinte fut réservé pour la défense du nouvel arsenal. Wilhemshafen, dû tout entier à la main de l'homme et creusé en pleine terre, ou plutôt en plein marécage, est ce qu'on appelle un port à marée. On ne peut, par conséquent, y pénétrer que pendant la marée de flot et lorsque le niveau de l'eau s'est élevé d'une quantité suffisante dans l'avant-port pour permettre de faire communiquer les bassins intérieurs avec le large. Le plein, dans les bassins, n'est maintenu, pendant le jusant, que par la fermeture des portes du bassin contigu à l'avant-port. Il en résulte qu'un navire mouillé dans la

Jahde n'est pas libre d'entrer dans le port Guillaume quand cela lui convient, et qu'il doit attendre que la mer ait atteint une hauteur déterminée avant de s'engager entre les deux grandes jetées perpendiculaires au rivage. Parvenu à l'extrémité de ces jetées, ce navire se trouve en face de l'écluse, dont les portes, du côté qui donne sur le fleuve, sont ouvertes aussitôt que la hauteur de l'eau dans l'avant-port le permet. Il passe, et les portes sont refermées derrière lui avant que la mer ait commencé à perdre. Si nous suivons ce bâtiment, nous le voyons sortir du premier bassin par une seconde porte placée dans une direction opposée à la première, puis il s'engage dans un canal intérieur à l'extrémité duquel se trouve le bassin occupé par les navires qui, pour une cause quelconque, se trouvent dans l'arsenal. La longueur des deux grandes jetées entre lesquelles il faut passer pour arriver à la première écluse, est de 200 mètres. Le premier bassin mesure 170 mètres; enfin le canal intérieur, depuis la sortie du premier bassin jusqu'à l'entrée du second, est de 1150 mètres. Ce dernier bassin, qui porte le nom de port intérieur, a 330 mètres de long sur 230 de large. La flotte allemande, réfugiée dans le port intérieur, eût été à 1800 mètres du fleuve et à environ 2,700 mètres d'une frégate cuirassée qui eût mouillé aussi près que la profondeur de l'eau le lui eût permis.

En résumé, un navire arrivant du large passe, avant de pénétrer dans le port Guillaume, par deux phases distinctes. Il entre d'abord dans la Jahde en suivant le chenal étroit qui côtoie l'île Wangerooge et la rive gauche du fleuve. Lorsque cette première opération est terminée, on procède à la seconde, qui consiste à le conduire dans les bassins intérieurs du port. Il est bien entendu que cette seconde opération n'est exécutée qu'autant que la hauteur de la marée le permet. Il faut pour cela que l'eau ait atteint, entre les jetées, le même niveau d'eau que dans le bassin à flot. C'est avec intention que nous entrons dans tous ces détails. Quand viendra la question militaire, on reconnaîtra l'impossibilité de la bien juger si on n'est pas fixé sur la situation du port Guillaume, considérée au point de vue de la navigation.

De même que nous avons admis l'hypothèse d'une attaque sur Kiel, faite par la marine, nous allons maintenant supposer qu'une de nos escadres ait reçu l'ordre d'opérer contre le port Guillaume. Nous rechercherons quelles eussent été les conséquences probables de cette entreprise. Avant de songer à combattre, cette escadre eût eu à résoudre une première difficulté que nous avons déjà signalée, celle de se rendre sur le lieu du combat. Toutes les bouées, il n'est pas besoin de le dire, ayant été enlevées par l'ennemi, nous avions à refaire ce travail pour notre compte. Il fallait sonder le chenal et placer de nouvelles bouées; en un mot, nous avions à tracer notre route depuis le nord de l'île Wangerooge jusque devant le port Guillaume. Aussitôt qu'une force navale importante eût pris position devant Wangerooge, et que ses intentions eussent été nettement accusées, la flotte allemande se trouvait dans l'obligation de prendre un parti : rester au mouillage, sans la protection des forts, pour prendre part à la défense du port, comme force navale; ou assurer la conservation de la flotte allemande en la faisant entrer dans les bassins intérieurs, et, en ce cas, apporter à la défense de l'arsenal le concours de ses équipages et de ses canons. En raison de l'infériorité numérique de cette flotte, et aussi en raison de sa conduite pendant la guerre, on doit croire que les trois frégates cuirassées, *Roi Guillaume*, *Prince Frédéric-Charles* et *Prince Héritier*, se fussent mises à couvert dans les bassins intérieurs du port. L'*Arminius*, le *Prince Adalbert* et quelques petits navires à vapeur seraient restés dehors pour surveiller, soit de jour, soit de nuit, les mouvements de ceux de nos bâtiments qui eussent été chargés de sonder, de placer les bouées ou d'enlever les torpilles. Le peu de tirant d'eau de ces deux cuirassés allemands leur assurait, en cas de poursuite, une retraite facile dans le haut de la Jahde, dans le Weser et dans l'Elbe.

Supposons que notre escadre ait surmonté ces premières difficultés et qu'elle soit arrivée au bas de la Jahde [1]. Ici se présentait la deuxième phase de la mission qu'elle avait à remplir, c'est-à-dire, l'attaque de l'arsenal allemand. Les conditions auxquelles sont soumis les mouvements des navires passant du fleuve dans le port Guillaume, sont connues. Nous les avons indiquées avec assez de détail pour qu'il soit inutile de revenir sur ce sujet. Nous n'avons donc pas à faire comprendre qu'il n'y avait pas là, quelque désir et quelque volonté qu'on eût, d'entrée de vive force à opérer. S'il a existé jusqu'ici, sur ce point, du doute ou de la confusion dans les esprits, les

---

[1] Malgré les efforts du département de la marine et de ses agents à l'étranger, il ne fut pas possible de trouver des pilotes pour la Jahde. Les gouvernements des pays où nous aurions pu nous en procurer, frappés de la soudaineté de nos revers, n'osaient plus rien de ce qui eût pu paraître une infraction aux règles de la plus stricte neutralité. Ils firent défense aux pilotes de venir sur nos navires.

explications que nous avons données ont dû les faire disparaître. Une escadre, parvenue au bas de la Jahde, était en face d'un arsenal ou plutôt d'une place forte, enceinte de murailles, protégée par un nombreux personnel et par une puissante artillerie, à l'abri de laquelle se trouvaient les chantiers, les magasins et les navires. Quelques difficultés que cette escadre eût rencontrées jusque-là, elle n'était qu'au début de ses opérations militaires. Toute attaque dirigée contre le nouvel arsenal de la Confédération du Nord demeurait sans portée si elle n'avait pour but de détruire la flotte allemande et le port Guillaume. On ne concevrait pas qu'on eût tenté une semblable entreprise sans l'espoir d'atteindre ce résultat. Or, comme nous n'étions dans aucune des conditions militaires voulues pour opérer un débarquement en pleine Allemagne, comment serions-nous parvenus à détruire des navires et des édifices placés les uns et les autres derrière des murailles que nous ne pouvions pas franchir? La situation véritable du port Guillaume a été, en général, mal connue, et c'est de là que sont venues les erreurs commises par ceux qui ont paru croire à la possibilité de forcer la Jahde et de détruire les navires allemands. Ceux-là ont raisonné comme si ces navires eussent été à la merci d'une escadre française qui n'eût eu rien autre chose à faire, pour les atteindre, que d'effectuer un passage de vive force sous le feu de l'ennemi. Les Français, après avoir détruit les cuirassés prussiens, ce qui eût été promptement fait grâce à notre supériorité, eussent regagné le large en passant de nouveau sous le feu des batteries allemandes. L'opération, pour ceux qui ne se sont pas rendu exactement compte de la position du port Guillaume, ne présentait pas d'autres difficultés. Cette manière de voir n'était en rien conforme à la véritable situation des choses. Arrivée au bas de la Jahde, la flotte française trouvait devant elle un rempart et, derrière ce rempart, les cuirassés allemands, les magasins, les édifices, en un mot, tout ce qu'elle avait mission de détruire. L'action, pour la marine, se réduisait à un engagement à coups de canon avec l'artillerie de la place, ou, en d'autres termes, avec les défenses extérieures du port.

Nous allons maintenant examiner dans quelles conditions cette lutte se serait produite. L'achèvement complet des fortifications de la Jahde et du port Guillaume ne devait avoir lieu qu'en 1877, d'après le projet arrêté à Berlin en 1867. Toutefois, en 1870, les travaux de défense étaient avancés, et les batteries donnant sur la Jahde se trouvaient armées avec la nouvelle artillerie [1]. Il n'est pas douteux, d'ailleurs, que toutes les grosses pièces renfermées dans les arsenaux allemands n'aient été envoyées, dès le début des hostilités, à Kiel, à la Jahde et dans l'Elbe. Aux pièces de gros calibre dont le port disposait, on eût ajouté, si cela eût été nécessaire, les cent cinquante pièces formant l'armement du *Kœnig Wilhelm,* du *Frédéric-Charles* et du *Prince Héritier.* D'autre part, une escadre à grand tirant d'eau n'avait pas le choix du point d'attaque. Elle était obligée de se placer là seulement où elle trouvait une profondeur d'eau suffisante. La partie sud du port Guillaume confine à des marécages et à des bas-fonds qui ne nous eussent pas permis de faire une attaque de ce côté. L'escadre ne pouvait engager l'action qu'avec la partie de l'enceinte partant de la limite nord de l'arsenal, bastion n° 1 sur le plan, jusqu'à l'ouvrage placé de l'autre côté de la jetée de droite. Outre cet ouvrage, il existait, en juillet 1870, un ouvrage semblable à l'extrémité de la jetée nord. De plus, entre cette jetée et le bastion n° 1 se trouvait le fort Heppens, qui était terminé avant la guerre. C'est sur ce fort, d'une étendue d'environ 2,000 mè-

---

[1] Presque tous les ouvrages étaient armés avec des pièces de 96.

tres, que les Allemands eussent concentré leurs moyens d'action. Dès que surgirent les premières difficultés politiques, des efforts considérables avaient été faits, à la Jahde et dans l'Elbe, pour augmenter les défenses existantes et utiliser toutes les pièces de gros calibre que l'Allemagne possédait. Les équipages des trois frégates cuirassées que le prince Adalbert de Prusse avait ramenées le 16 juillet dans la Jahde, travaillèrent sans relâche à augmenter les fortifications du port Guillaume. On sait quelles ressources possède un arsenal maritime et quelle rapidité il peut apporter dans l'exécution de travaux commandés par des nécessités impérieuses. On ne doit pas douter que la partie de l'enceinte ayant vue sur la Jahde n'ait été promptement protégée, sur toute son étendue, par une nombreuse et puissante artillerie.

Dans l'hypothèse d'une attaque par mer, les Allemands se seraient battus avec une confiance d'autant plus grande qu'ils eussent eu la certitude de ne pas être forcés dans leurs positions. En effet, quand bien même nous les aurions obligés à discontinuer momentanément leur feu, ce qui n'est nullement certain et ce que personne n'affirmera, nous ne pouvions pas descendre pour assurer notre succès. Enfin, l'ennemi n'ignorait pas que s'il réussissait à couler quelques-uns de nos bâtiments ou à les avarier de telle sorte que nous ne pussions pas les emmener, il resterait, si ce n'est dans ses mains, au moins dans les eaux allemandes, un trophée qui attesterait sa victoire. Quant à l'escadre française, elle n'aurait pas en vain fait un feu prolongé avec les canons de 27, de 24 et de 19 centimètres, de dix ou douze frégates ou corvettes cuirassées, du *Rochambeau*, de l'*Onondaga* et de tous les autres bâtiments dont elle eût été composée. Elle eût fait du mal à l'ennemi, cela n'est pas douteux, mais de quelle nature eût été ce mal? Nous aurions tué des hommes, démonté des canons et fait sauter des pierres; quelques-uns de nos boulets et de nos obus, frappant ou éclatant dans l'intérieur de l'arsenal, auraient produit des dégâts dans les magasins ou dans les édifices du port. Tels étaient les résultats que nous eussions atteints et que nous n'aurions certainement pas dépassés. Après avoir parlé des dommages que l'escadre française pouvait faire subir à l'ennemi, il s'agit de se rendre compte des pertes auxquelles elle-même était exposée. Il n'est pas facile de les indiquer d'une manière certaine, mais les officiers de marine et les officiers d'artillerie seront certainement d'accord sur ce point, que, dans une affaire de cette nature, notre escadre courait le risque de laisser dans la Jahde des bâtiments de l'expédition et d'en ramener quelques autres gravement avariés.

Donc notre escadre était exposée à perdre des bâtiments, voire des cuirassés. Courir des risques quand on fait la guerre, c'est chose bien naturelle, mais les gouvernements ont le devoir de se demander si ces risques sont en raison des avantages qu'ils se croient en mesure d'obtenir. Dans le cas actuel, que voulions-nous? Les cuirassés allemands, nous venons de montrer qu'ils avaient un refuge assuré contre les plus fortes escadres en s'amarrant dans les bassins intérieurs du port Guillaume. Était-ce la ruine de l'arsenal que nous poursuivions? Nous avons également montré qu'à moins de débarquer et de nous emparer des batteries, nous ne pouvions rien contre l'arsenal. Les Allemands savaient bien que nous ne pouvions pas mettre pied à terre. Ce n'est pas avec huit, dix ou douze cuirassés et leurs équipages que nous aurions pris l'Allemagne à partie. Or, la Jahde était moins un port qu'une forteresse ayant, au point de vue du personnel et du matériel, toute l'Allemagne en réserve. Nous conclurons en disant : Une attaque du port Guillaume par mer n'eût été qu'une vaine et périlleuse démonstration.

VI

Caractère des opérations exécutées par les marins américains pendant la guerre de la Sécession.

Les événements de la guerre de la Sécession confirment ce que nous avançons. Nous ne voyons pas les amiraux américains, qui se sont distingués autant par leur intelligence que par leur courage, perdre leur temps et compromettre les forces placées sous leurs ordres dans des luttes dont le but n'est pas en rapport avec les risques à courir. Les chefs des escadres américaines jugent inutile de combattre les ouvrages établis à terre, pour y pratiquer quelques brèches, démonter des canons et tuer des hommes. Ils savent qu'une nuit, quelquefois un petit nombre d'heures, suffisent pour faire disparaître le dommage qu'ils auront causé, tandis que leurs propres pertes seront plus difficiles à réparer. Ils n'exposent pas leurs forces et ne gaspillent pas leurs munitions dans ces affaires inutiles. On les voit au contraire conserver toutes leurs ressources pour tenter ce qui constitue de véritables opérations de guerre. En un mot, quand ils ne voient rien d'utile à faire, ils savent s'abstenir. Les forts qu'ils combattent sont ceux qui protégent des positions dont ils veulent se rendre maîtres, et, lorsqu'ils sont en mesure de le faire, au moyen de troupes de débarquement, prêtes à occuper les ouvrages dont l'artillerie de leurs navires a fait cesser le feu. Nous allons rappeler brièvement quelques faits de la guerre de la Sécession qui maintiendront l'accord entre les principes que nous établissons et la conduite des marins américains. Lorsque l'amiral Farragut prit l'énergique résolution de franchir le Mississipi, sous le feu des forts Saint-Philipp et Jackson, il avait l'espoir d'écraser la flottille confédérée qui était le seul obstacle paraissant sérieux qu'il eût devant lui. S'il réussissait dans cette entreprise, il s'emparait de la Nouvelle-Orléans, laissée sans défense et qu'il pouvait faire occuper par le corps de troupes sous les ordres du général Butler, embarqué sur la flotte de transport. Ses moyens d'action, ne le perdons pas de vue, étaient une flotte de guerre, une flottille de bombardes, lançant des bombes de 240 livres, et une flotte de transport.

A Mobile, l'amiral a pour objectif les forts qui défendent l'entrée de la baie. Une escadrille confédérée, placée en réserve, se tient prête à appuyer les forts. Cette escadrille est le lien qui unit les défenseurs de la ville de Mobile et les garnisons des forts. L'amiral force le passage sous le feu des batteries de terre, afin d'atteindre la flottille du Sud qu'il combat et qu'il détruit, puis il revient sur les forts, privés désormais de toute communication avec la terre et par conséquent de tout secours. L'amiral, après les avoir mis dans cette situation, grâce au succès de sa première affaire, les attaque par terre et par mer, car, là encore, il a des troupes pour opérer avec lui. Il se rend maître des forts et il s'établit solidement dans les positions qu'il a conquises. A partir de ce jour, la surveillance exercée sur les coureurs de blocus sera autrement efficace que lorsque les bâtiments fédéraux croisaient au large; de plus, le gouvernement fédéral aura une base solide d'opérations, le jour où il pourra envoyer une grande expédition destinée à agir par terre contre la ville de Mobile. L'amiral, après avoir remporté cette première victoire, et malgré son vif désir d'arriver à portée de canon de Mobile, s'arrêta devant les défenses sous-marines accumulées dans la partie nord de la baie. Comme cela doit toujours avoir lieu en pareil cas, les confédérés avaient établi à terre des ouvrages placés de manière à faire converger une grande quantité de feux sur l'escadre, au moment où celle-ci arriverait à la hauteur du barrage. L'amiral déclara qu'il n'était pas possible d'enlever les défenses sous-marines sous le feu de l'ennemi. Il fallait, préalablement à toute tentative sur l'estacade, s'emparer des forts qui la dominaient, et comme il ne disposait pas de moyens suffisants pour arriver à ce résultat, il ne fit rien contre la partie nord de la baie.

Telle fut l'opinion exprimée par l'amiral Dupont dans une circonstance semblable, et on peut ajouter, après expérience personnelle. Le 7 avril 1863, cet amiral avait attaqué le fort Sumter, qui défendait les approches de Charlestown du côté de la mer; son escadre se trouvant inopinément devant un barrage et ne voyant aucun moyen de poursuivre sa route, revint en arrière. Le combat dura à peine quarante minutes. Les bâtiments reçurent de graves avaries, et l'un d'eux, le monitor le *Keokuk,* coula le lendemain. L'amiral Dupont écrivit que, dans son opinion, il se serait exposé à perdre sa flotte s'il avait persisté dans son attaque, du moment qu'il n'était pas maître des forts sous le canon desquels l'estacade était placée. Pratiquer, à travers un barrage solidement établi, un passage suffisant pour une escadre, voire pour un bâtiment, est une opération qui exige un travail matériel considérable. On conçoit combien il est difficile, si ce n'est impossible, de l'exécuter sous le feu de l'ennemi, aussi longtemps que les batteries, placées de manière à battre les navires arrêtés devant le barrage, ne sont pas réduites. On en jugera par ce qui suit : Après la prise des forts qui gardaient l'entrée de la baie de Mobile, les confédérés firent eux-mêmes, à travers le barrage de la partie nord, un passage de 12 mètres pour les coureurs de blocus. Il fallut quarante heures pour exécuter ce travail, auquel les fédéraux n'apportèrent aucun obstacle.

Lorsque la ville de Savannah fut prise par le général Sherman, l'amiral Dalghreen, qui bloquait la ville, fit immédiatement entreprendre les travaux nécessaires pour frayer à ses bâtiments un passage de 30 ou 40 mètres à travers le barrage de la rivière de Savannah, près de l'île d'Elba. Ce ne fut qu'au prix des plus grands efforts, dit-il dans son rapport, qu'on parvint à ce résultat.

Le gouvernement fédéral avait le plus vif désir de s'emparer de Wilmington ; cependant il ne fit pas attaquer le fort Fisher, qui en défendait les approches du côté de la mer, aussi longtemps qu'il ne se trouva pas en mesure d'envoyer, en même temps qu'une escadre, les forces militaires suffisantes pour assurer le succès de l'opération. On attendit longtemps, puisque la guerre commença en 1861 et que le premier bombardement du fort Fisher, par l'amiral Porter, n'eut lieu que le 24 décembre 1864. La première attaque échoua, et les troupes mises à terre furent rembarquées. Le 15 janvier 1865, le bombardement fut repris. Le fort, écrasé par le feu de la marine, fut enlevé d'assaut par les troupes. La prise du fort Fisher assura la communication des troupes fédérales avec la mer. Peu après, celles-ci, convenablement renforcées, marchèrent sur Wilmington, ayant leur flanc appuyé par l'escadre, qui était entrée dans la rivière. Elles ne tardèrent pas à s'emparer de la ville. Nous retrouvons dans cette expédition les mêmes moyens d'action que ceux employés précédemment à la Nouvelle-Orléans, à Mobile et dans toutes les affaires du même genre, savoir : escadre de guerre, flottille de bombardes, et une flotte de transport. Le bombardement du fort Fisher, par une escadre agissant sans la coopération d'un corps de troupes de débarquement, eût été un combat, en ce sens qu'on eût échangé, de part et d'autre, des coups de canon, mais cette attaque n'eût pas constitué une opération de guerre.

Les amiraux américains étaient de l'avis que forcer une passe devant un fort était une chose facile, si la passe était droite et assez profonde, et si elle n'était pas barrée par des défenses sous-marines. Néanmoins nous avons vu les plus illustres d'entre eux, les amiraux Farragut et Porter, s'arrêter, le premier, qui venait de la Nouvelle-Orléans, en aval de Port-Hudson, et le second, qui descendait le Mississipi, au-dessus de Wicksburg. Le jour où la coopération de la marine au plan général d'attaque contre Wicksburg exigea la réunion des flottes dans la partie du Mississipi comprise entre cette place et Port-Hudson, il n'y eut chez ces deux amiraux aucune hésitation. Tous deux forcèrent le passage. L'amiral Farragut écrivit à ce sujet : « On peut forcer les passages défendus par les forts, nous l'avons fait et nous le ferons chaque fois que cela sera nécessaire; nous n'avons pu toutefois que faire taire les batteries de l'ennemi, car il y avait, en arrière des hauteurs qui dominent la ville, un corps d'armée pour nous empêcher de débarquer et de prendre possession de la place ». On s'explique bien que l'amiral soit resté en aval de Port-Hudson aussi longtemps qu'il n'a eu d'autre raison pour remonter le fleuve que d'échanger des coups de canon avec des batteries qu'il ne pouvait pas occuper, alors même qu'il serait parvenu à les réduire.

VII

Le département de la marine envoie à Paris des hommes, des vivres et du matériel. — Désarmement de la plupart des navires en cours d'armement. — Retour de l'escadre de la mer du Nord. — Rappel de l'escadre de la Baltique. — Nouveaux désarmements. — Des bataillons de marins sont envoyés aux armées de province. — Fabrication dans nos arsenaux du matériel pour le département de la guerre. — Rôle de la marine allemande. — La corvette l'*Arcona*. — Rencontre de la canonnière *le Meteor* et de l'aviso français *le Bouvet*. — Sortie de la corvette l'*Augusta*.

Les critiques adressées à la marine sont empreintes, en ce qui concerne les éléments de la question, c'est-à-dire la base de tout raisonnement ultérieur, d'une véritable confusion. On semble croire que la marine disposait de telles ressources qu'elle pouvait à la fois agir vigoureusement sur terre et sur mer, ou, en d'autres termes, que l'envoi à Paris et aux armées de province des matelots canonniers et des bataillons de marins, dans lesquels figuraient presque tous les fusiliers brevetés, ne l'eût pas empêchée, si telle avait été son intention, d'attaquer à fond, soit Kiel, soit la Jahde. Dans tout ce qui a été dit à propos de l'attaque de ces deux points, il n'a été fait aucune distinction entre le temps pendant lequel cette opération était possible et celui où, à cause de la saison, elle cessait de l'être. Cependant il est arrivé un moment à partir duquel la discussion sur ces deux opérations se trouvait forcément close, puisque, quelque bonne volonté qu'on eût eu, l'état avancé de la saison ne permettait plus de les entreprendre. On ne devait pas blâmer l'inaction de nos flottes pendant le temps où l'inaction était une nécessité. Néanmoins toute escadre allant dans la mer du Nord, avec une mission de surveillance, et ne comptant que le nombre de bâtiments nécessaire à l'accomplissement de cette mission, a été considérée comme ayant manqué d'audace du moment qu'elle est rentrée sans avoir fait de tentative pour détruire la flotte allemande et le port Guillaume.

L'opinion publique s'est montrée pleine de reconnaissance pour les services accomplis par les officiers et marins qui ont combattu avec nos soldats, mais elle ne s'est pas rendue suffisamment compte du lien étroit qui existe entre ces services et l'inactivité apparente de la flotte. Il importe qu'elle soit éclairée sur ces différents points.

Nous avons indiqué quel était, au début de la guerre, le plan de la marine. Elle se proposait de réduire à l'impuissance les forces navales de l'ennemi, soit en exerçant sur les bâtiments allemands une surveillance très-sévère, soit en les bloquant là où ils se seraient retirés. La sécurité de nos ports et de notre littoral, la conservation de notre commerce et la ruine du commerce allemand étaient la conséquence naturelle de cette situation de belligérant maître de la mer. Nous eussions pris sur les côtes de la Baltique une position dominante au moyen de forces navales considérables, et nous faisions de cette mer le théâtre d'une grande expédition militaire et maritime. On eût opéré par terre et par mer contre Kiel et contre les autres points du littoral qu'il eût été possible ou utile d'enlever à l'ennemi. Pendant ce temps une seconde escadre, condamnée à un rôle ingrat mais nécessaire, eût bloqué ou surveillé les cuirassés prussiens réfugiés dans la Jahde. Il ne semble pas, même aujourd'hui, quoiqu'il en ait été beaucoup parlé depuis deux ans, qu'il y ait eu lieu d'envisager la question d'une manière différente et d'arrêter un plan autre que celui-là. A la fin de juillet, avant même que nos troupes se fussent mesurées avec l'ennemi, notre infériorité numérique s'était révélée, et on avait reconnu l'impossibilité de distraire la moindre partie de nos troupes pour les envoyer dans le nord par mer. La division d'infanterie de marine, forte de 10,000 hommes, réunie à Cherbourg pour l'expédition de la Baltique, fut envoyée à Châlons, et, peu après, elle quitta Châlons avec l'armée du maréchal Mac-Mahon. Ainsi, peu de jours après la déclaration de guerre, le plan de campagne de la marine se trouvait atteint. Après les désastres de Reichshoffen et de Forbach, arrivés le 6 août, nous étions déjà loin de la situation telle qu'elle existait à la fin de juillet. Il ne s'agissait plus de renoncer, jusqu'à la complète mobilisation des forces françaises ou jusqu'à un premier avantage remporté par nos troupes, à une diversion puissante dans le nord, commandée par les circonstances politiques aussi bien que par notre supériorité maritime. Il n'y avait, à ce moment, aucune illusion à se faire; nous étions en face d'une invasion, et déjà on pouvait prévoir qu'aucun obstacle ne s'opposerait à la marche des Allemands sur Paris. Fortifier la capitale fut le cri de tous, et le but vers lequel tendirent tous les efforts.

En présence de ces graves événements, le département de la marine, qui représentait une branche importante des forces militaires de la France, avait un devoir à remplir et un parti à prendre. Le devoir, c'était de jèter toutes les forces dont il disposait dans la défense du pays; quant au parti à prendre, il consistait à voir vite et bien quel était l'emploi de ces mêmes forces le plus propre à atteindre ce but. Si donc le département de la marine eût été partisan d'une expédition purement maritime dirigée contre Kiel ou la Jahde, s'il eût cru à la possibilité, en attaquant ces deux points, soit simultanément, soit successivement, d'exécuter une diversion puissante en faveur des armées de Mac-Mahon et de Bazaine, il avait la stricte obligation de tenter cette opération. On était au commencement du mois d'août, et, au point de vue de la saison, elle était possible; mais, en ce cas, il fallait hâter l'armement de tous nos cuirassés et des navires grands et petits qui pouvaient rendre des services dans cette expédition. Nous sommes de l'avis que nous ne possédions pas, et nous croyons que l'Angleterre elle-même ne possédait pas le matériel spécial nécessaire pour faire le siége maritime de Kiel et de la Jahde. Mais si on voulait, coûte que coûte, faire attaquer ces deux ports par la flotte, on ne pouvait échapper à la nécessité d'armer tous les bâtiments en mesure de jouer un rôle utile dans l'entreprise. Avec un pareil armement, la marine conservait un nombreux personnel, et il ne lui était plus possible, sauf peut-être dans une proportion extrêmement restreinte, d'envoyer à Paris et aux armées de province des canonniers, des fusiliers et des marins dont elle eût eu le plus pressant besoin pour son propre service. Peut-être même eût-elle regardé comme indispensable de conserver les quelques milliers d'hommes appartenant à l'infanterie et l'artillerie de marine qui restaient dans les ports. Le département de la marine estima qu'aucune action militaire, ayant une portée sérieuse et pouvant influer d'une manière utile sur les événements, n'était possible sans l'adjonction à la flotte d'un corps de troupes. Sa conduite fut conforme à son opinion. Des bâtiments furent désarmés, des canonniers et des fusiliers brevetés furent enlevés aux navires, et les secours en personnel et en matériel, désignés ci-après, furent expédiés à Paris, savoir : 10,000 marins, 2,200 hommes d'infanterie, 2,718 hommes d'artillerie, 170 pièces rayées de gros calibre, des approvisionnements et des munitions. La catastrophe de Sedan, qui enleva à la France toute une armée, ne fit que démontrer au département de la marine la nécessité impérieuse de suivre la ligne de conduite qu'il avait adoptée.

L'escadre de la mer du Nord n'avait pu rester à son poste, devant les embouchures de l'Elbe, du Weser et de la Jahde, qu'en faisant du charbon au mouillage qu'elle prenait de jour, lorsque le temps le permettait, entre Helgoland et la côte allemande. Elle se trouvait là à peu près comme en pleine mer. L'embarquement du charbon, dans ces conditions, constituait une rude tâche, que les équipages accomplirent avec une bonne volonté et un dévouement exemplaires. A la fin d'août, des vents d'ouest frais avaient rendu ce service difficile. Au commencement du mois de septembre, un coup de vent, qui souffla du sud-ouest au nord-ouest, obligea l'escadre à rester à la mer plusieurs jours de suite. Pendant ce temps, elle consomma une partie de son combustible. A la fin du coup de vent, la plupart des bâtiments avaient à peine le charbon nécessaire pour atteindre un port de France. En outre, quelques navires avaient fait des avaries d'une certaine importance. La situation présentait une véritable gravité. Si un coup de vent d'ouest était revenu assaillir l'escadre avant que les bâtiments eussent eu le temps de faire une quantité suffisante de charbon, et si ce mauvais temps avait duré plusieurs jours, quelques-uns de nos bâtiments, si ce n'est tous, se fussent trouvés sans charbon, en même temps qu'ils eussent été poussés sur une côte ennemie par des vents du large. Ces navires eussent été compromis. Le commandant en chef, l'amiral Fourichon, se trouva dans l'obligation de ramener cette escadre à Cherbourg [1], où elle mouilla le 12 septembre.

On se rappelle que l'escadre qui avait quitté Cherbourg, le 24 juillet, pour se rendre dans la Baltique, était composée de cinq frégates, de deux corvettes cuirassées et de quelques avisos. Ces forces représentaient une partie de celles qui eussent été nécessaires si l'expédition de la Baltique avait eu lieu. Lorsque, par suite de nos malheurs militaires, le gouvernement dut renoncer à envoyer des troupes dans la Baltique, le rôle de cette escadre se trouva forcément modifié, et elle n'eut plus d'autre perspective que de bloquer les côtes allemandes. Trop forte en apparence pour ne rien faire, trop faible en réalité pour entreprendre quoi que ce soit de sérieux, elle se trouva dans une sorte de position fausse, extrêmement pénible pour son personnel, et dont son chef eût vivement souhaité la faire sortir par quelque action militaire. Mais que pouvait-il tenter? Attaquer Kiel, il n'en avait pas l'ordre et il n'en avait pas les moyens. Tirer sur une ville ou-

[1] L'*Invincible*, qui n'avait pas une quantité de charbon suffisante pour atteindre Cherbourg, se rendit à Dunkerque.

verte, sa propre volonté, les traditions de générosité de la nation française, non moins que les ordres du ministre, très-formels à ce sujet, ne le lui permettaient pas.

Tout ce qu'il pouvait faire, c'était d'échanger des boulets avec les fortifications de quelques points de la côte, comme Alsen, Eckernford, et le fort de la baie de Dantzig, par exemple. Or, comme le peu de profondeur d'eau, sur les côtes de la Baltique, tenait les frégates et les corvettes cuirassées éloignées de la terre, ce combat d'artillerie aurait eu lieu à une distance qui l'eût rendu absolument insignifiant. En ce cas, mieux valait s'abstenir. L'absence de troupes de débarquement frappait de stérilité tous les efforts, toute la bonne volonté de cette escadre, de même que le manque de navires cuirassés à petit tirant d'eau et armés de grosses pièces, empêchait de donner suite à quelques affaires sans grande importance, il est vrai, mais qui eussent eu pour résultat de donner à nos bâtiments la satisfaction de tirer du canon et de se rendre quelques services. Ces cuirassés à petit tirant d'eau, nous ne les avions pas, ainsi que nous l'avons déjà dit. L'escadre de la Baltique reçut, au milieu du mois de septembre, l'ordre de rentrer, et elle arriva à Cherbourg le 17 septembre. On constitua deux escadres destinées à paraître, chacune à leur tour, dans la mer du Nord. Celle de ces deux escadres qui n'était pas à la mer restait prête pour toute éventualité, soit à Cherbourg, soit à Dunkerque. Une division navale, comprenant des avisos, des canonnières et des batteries flottantes, fut envoyée au Havre avec la mission de concourir à la défense de la place et de protéger le cours de la Seine. Quelques navires de la flottille furent armés et expédiés sur la Loire. Deux batteries blindées remontèrent jusqu'à Lyon. On désarma tous les navires qui ne parurent pas nécessaires, et les équipages, formés en bataillons, furent envoyés sur la Loire et dans le Nord. De nouveaux sacrifices furent imposés aux bâtiments qui restèrent armés. Les frégates cuirassées débarquèrent la totalité de leurs fusiliers et la moitié de leurs canonniers. Enfin, très-peu de navires conservèrent le nombre d'officiers réglementaire. L'Assemblée nationale, aussitôt qu'elle fut réunie à Bordeaux, nomma une commission, prise dans son sein, qui fut chargée de faire son rapport sur l'état de la marine. Les documents officiels remis à cette commission établirent que le département de la marine, depuis le commencement de la guerre jusqu'au 15 février 1871, avait fourni à la défense nationale, en dehors de l'armement de la flotte et des forces dirigées sur les colonies, le personnel ci-après, savoir :

28,157 (marins) canonniers et fusiliers;
563 officiers de vaisseau, depuis le grade de vice-amiral jusqu'à celui d'aspirant;
20 ingénieurs hydrographes employés aux reconnaissances des alentours de Paris;
5,087 hommes d'artillerie de marine et 23,420 hommes d'infanterie de marine [1], faisant un total de 55,848 hommes et officiers.

La marine n'avait pas seulement envoyé son personnel aux armées de Paris et de la province; elle avait aussi donné des armes, des munitions, des vivres, des effets d'habillement et de campement. Aussitôt que nos premiers désastres étaient survenus, les ateliers des ports militaires avaient reçu l'ordre d'adapter leur outillage à la fabrication du matériel du département de la guerre. En résumé, les objets de matériel désignés ci-dessous, soit qu'ils eussent été tirés des réserves,

---

[1] On ne peut pas parler de l'infanterie de marine sans rappeler la belle conduite de cette troupe à Bazeilles. La division d'infanterie de marine qui faisait partie de l'armée du maréchal Mac Mahon était forte d'environ 10,000 hommes. Dans cette journée, elle perdit 98 officiers et 2,547 hommes, tant tués que blessés ou disparus.

soit qu'ils eussent été fabriqués exprès, étaient sortis, à la date du 15 février, des arsenaux de la marine :

- 1,032 canons de mer avec leur armement, leurs plates-formes et leurs munitions;
- 29,300 fusils et carabines;
- 16 millions de cartouches;
- 4 équipages de pont;
- 100 batteries complètes de 4 et de 12;
- 16 batteries de mitrailleuses;
- 1,600 caisses d'approvisionnements;
- 150 affûts de place et de siége;
- 880 roues et essieux de rechange;
- 700 canons lisses de la guerre transformés en canons rayés.

Une grande quantité de palissades, barrières, magasins de batteries, blockhaus, nécessaires et pièces d'armes, fusées percutantes, outillages pour confection de cartouches, ferrures, arçons, mors, étriers et bouclerie pour 24,000 chevaux.

- 29,500 vêtements de mobiles;
- 20,500 pantalons de mobiles;
- 27,000 cartouches;
- 24,000 havre-sacs;
- 3,700 musettes;

94,300 ustensiles de campement ;
26,300 tentes ;
15,000 objets divers.

Ce n'est pas tout. Les ateliers des ports étaient en mesure de livrer, à la fin de ce même mois de février, au département de la guerre :

  40 batteries de 4, comportant 600 voitures ;
  20 batteries de mitrailleuses, comportant 300 voitures ;
  400 caissons ;
  100 forges ;
  200 chariots ;
  100 affûts de montagne ;
 8,400 caisses d'approvisionnements.

Telles furent les conséquences, au point de vue de la défense nationale, des dispositions prises par la marine depuis le jour de la déclaration de guerre jusqu'à la conclusion de la paix.

Nous allons maintenant jeter un coup d'œil sur le rôle de la marine prussienne. Nous avons dit que, lors de la déclaration de guerre, quatre bâtiments se trouvaient hors des mers d'Europe, savoir : les corvettes *Medusa* et *Hertha*, dans les mers de l'extrême Asie, la corvette l'*Arcona* et la canonnière le *Meteor*, dans l'océan Atlantique. Disons immédiatement que les deux corvettes *Hertha* et *Medusa* furent tenues étroitement bloquées par notre division navale du Japon. L'*Arcona*, réfugiée d'abord aux Açores et plus tard à Lisbonne, fut constamment suivie et surveillée. D'ailleurs, cette corvette, qui ne parut avoir d'autre préoccupation que de s'assurer un abri, ne fit aucun mal à nos bâtiments de commerce. La frégate de troisième rang, la *Bellone*, portant le pavillon du contre-amiral Bourgois, eut, pendant quelque temps, la mission de surveiller l'*Arcona*. Celle-ci se trouvait alors sur la rade de Fayal, aux Açores. La *Bellone* estima qu'il serait plus simple, pour les deux navires, de dénouer la situation par un combat. Elle se présenta devant Fayal, sans mouiller, semblant ainsi inviter le navire ennemi à prendre le large. L'*Arcona* ne sortit pas. La force des deux bâtiments était à peu près la même. L'aviso français le *Bouvet* se trouva au mouillage de la Havane en même temps que la canonnière le *Meteor*. Le capitaine du bâtiment français proposa au capitaine allemand une rencontre au large de l'île. Ce cartel fut accepté, et les deux bâtiments prirent le large. Lorsque tous deux furent en dehors des eaux territoriales, le combat commença. Le *Bouvet* était un navire d'un faible échantillon et sans force au point de vue de l'artillerie ; le *Meteor* ne marchait pas, mais c'était un navire solidement construit, et son artillerie était plus forte que celle de son adversaire. Le capitaine du bâtiment français hâta le dénoûment de l'affaire en abordant le *Meteor*. La mâture du bâtiment prussien vint en bas et les débris de bois et de cordes accumulés à l'arrière s'engagèrent dans l'hélice. Le *Meteor* se trouva condamné à l'immobilité. Au moment où le *Bouvet* se préparait à recommencer cette manœuvre, une avarie faite dans la machine par un boulet prussien mit provisoirement le bâtiment hors d'état de marcher à la vapeur. Les juges du camp, c'est-à-dire les capitaines des bâtiments espagnols qui avaient accompagné les deux adversaires et qui étaient restés jusque-là spectateurs de la lutte, intervinrent en disant que les deux navires étaient rentrés dans les eaux territoriales. Le *Meteor* et le *Bouvet* regagnèrent le port. Le premier n'avait que deux hommes blessés, tandis que le second avait dix hommes hors de combat[1]. Le *Meteor* ne fit aucun mal au commerce français. Dans la Bal-

---

[1] Le capitaine de frégate Franquet, qui commandait le *Bouvet*, fut promu au grade de capitaine de vaisseau à la suite de cette affaire.

tique, où les Allemands avaient laissé quelques bâtiments de peu de force militaire, il ne se passa que des faits sans importance. Au moment où l'escadre de l'amiral Bouët entrait dans la Baltique, l'*Arminius*, en exécution des ordres qu'il venait de recevoir, appareillait de Kiel pour se rendre à Wilhelmshafen. Le capitaine de l'*Arminius* ayant été prévenu, en mer, de l'arrivée des Français, rallia rapidement la côte neutre du Jutland. Grâce à son petit tirant d'eau et probablement aussi à sa parfaite connaissance des localités, il serra la côte de très-près, et il parvint à sortir de la Baltique et à gagner Wilhelmshafen. L'aviso *la Grille* et quelques canonnières allemandes parurent quelquefois, notamment le 17 août 1870, en large des côtes, mais ces bâtiments restaient à petite distance de terre, conservant ainsi une ligne de retraite assurée, et ils disparaissaient aussitôt que nous les poursuivions. Le 21 août 1870, la *Nymphe*, bâtiment à vapeur de la force de 200 chevaux, sortit de Neufahrwasser, se dirigeant sur l'escadre française mouillée devant Dantzig. La présence de ce bâtiment fut signalée par la chaloupe à vapeur de service. La corvette cuirassée la *Thétis*[1], de garde pendant cette nuit, fila sa chaîne sans perdre un moment, et elle se mit à la

---

[1] Commandée par le capitaine de vaisseau Serre.

poursuite du navire suspect. La *Nymphe* vira de bord, et elle rentra au port immédiatement.

L'escadre cuirassée prussienne ne sortit pas du rôle purement défensif qu'elle avait adopté et que lui imposait son infériorité numérique. Néanmoins, on doit dire qu'en plusieurs circonstances elle n'a pas tiré de sa situation le parti qu'elle comportait. L'escadre française qui bloquait la Jahde ne se maintenait à son poste qu'à la condition de faire son charbon à son mouillage habituel, entre Helgoland et la terre. Une frégate cuirassée et un aviso qui se tenaient sous vapeur, en vue de l'île Wangerooge, étaient chargés de surveiller l'ennemi et de signaler ses mouvements. Deux ou trois fois on aperçut les cuirassés allemands doublant l'île Wangerooge et faisant route sur nos éclaireurs. Avant que les frégates françaises expédiées pour soutenir la frégate de garde fussent arrivées à portée de canon de l'ennemi, les navires prussiens étaient rentrés dans la Jahde. Si ceux-ci avaient renouvelé plus souvent cette manœuvre, et s'ils l'avaient faite en choisissant habilement les moments favorables, il y a lieu de croire que l'escadre française, gênée dans l'indispensable opération de l'embarquement du charbon, eût été contrainte de lever le blocus plus tôt qu'elle ne l'a fait. On est également surpris de voir que cette escadre n'ait jamais paru, je ne dis pas au large, mais hors des passes, à la fin des mauvais temps. Qu'avait-elle à craindre, du moment qu'elle restait, avec un temps clair, en vue de Wangerooge ou d'Helgoland suivant le cas? La fortune pouvait lui livrer quelque bâtiment séparé de son escadre pendant la nuit ou par suite d'avaries. Une de nos escadres, en croisière dans la mer du Nord, reçut, pendant l'hiver, un coup de vent d'une extrême violence qui la dispersa. Une des frégates perdit son gouvernail et elle revint à Cherbourg, à la remorque d'une autre frégate. Il s'est présenté plusieurs chances heureuses dont un ennemi plus entreprenant aurait profité. Nous arrivons maintenant à un acte de la marine allemande qui mérite d'être loué. Nous voulons parler de la sortie de la corvette à batterie barbette l'*Augusta*. Le capitaine de ce bâtiment, après avoir fait du charbon en Irlande, se présenta sur nos côtes. Il enleva un navire de commerce au large de Brest, un second à l'entrée de la Gironde, et un petit navire de servitude appartenant au port de Rochefort. Après quoi il entra à Vigo, où il resta bloqué jusqu'à la conclusion de l'armistice. Cet événement eut en France un grand retentissement. On ne voulait pas admettre qu'un croiseur allemand eût pris la mer sans une négligence coupable de la marine française. La vérité nous oblige à dire que cette émotion dénotait une ignorance absolue des conditions de la guerre maritime. Nous allons montrer qu'il est impossible, alors même qu'on possède une grande supériorité de forces, de réussir à fermer complétement la mer à son adversaire. Pendant les longues années de guerre de la République et du premier Empire, la France a, jusqu'au dernier jour de la lutte, envoyé des bâtiments de guerre et même des corsaires à la mer. Notre commerce maritime était anéanti et aucun effort ne pouvait le relever, mais nous ne voulions pas renoncer à inquiéter celui de l'Angleterre. Le combat de l'*Aréthuse* et de l'*Amelia* est du 7 février 1813 [1]. La

[1] On connaît le magnifique combat de l'*Aréthuse* et de la frégate anglaise l'*Amelia*, livré, le 7 mars 1813, sur la côte occidentale d'Afrique. L'*Aréthuse* était à la mer depuis peu de temps, puisqu'elle avait quitté la rivière de Nantes le 28 novembre 1812, avec un équipage composé « en majeure partie de conscrits de la dernière levée, chétifs au physique et mal disposés au moral ». Ce sont les expressions dont se sert l'amiral Bouvet dans ses Mémoires. L'influence qu'exerçait ce remarquable officier sur son équipage, les sages mesures prises pour l'instruire avaient promptement transformé le personnel de cette frégate. Après quelques mois passés en croisière, celui-ci était rempli d'audace et ne demandait qu'à combattre. Aussi ce fut sans hésitation que le commandant Bouvet se porta au-devant de l'*Amelia,* aussitôt que celle-ci fut aperçue. La

même année, les corsaires français enlevèrent des bâtiments de commerce ennemis. En 1814, nous avions encore quelques engagements sur mer avec les Anglais, et cependant on sait qu'à cette époque le département de la marine avait enlevé à la flotte ses meilleurs éléments pour les envoyer sur les champs de bataille.

En 1812, la guerre éclata entre la Grande-Bretagne et les États-Unis. Ceux-ci, malgré la faiblesse des moyens maritimes dont ils disposaient, eu égard à l'immensité des ressources de l'Angleterre, parvinrent, à l'aide de quelques frégates bien armées et encore plus habilement conduites, à jeter le trouble dans le commerce maritime de cette puissance. Pendant la guerre de la Séces-

mer était belle, ce qui diminuait la difficulté de la manœuvre et par conséquent la supériorité de l'ennemi. Après un engagement à petite portée, qui dura plusieurs heures, les deux frégates se séparèrent, l'*Amelia* cherchant à s'éloigner de l'*Aréthuse*, et celle-ci s'efforçant de réparer les avaries qui l'empêchaient de poursuivre son adversaire. La plupart des gabiers ayant été mis hors de combat à bord du bâtiment français, celui-ci, qui ne comptait qu'un petit nombre d'hommes capables de les remplacer, n'y parvint pas assez promptement pour poursuivre l'*Amelia*, qui disparut fuyant sous toutes voiles. La frégate anglaise eut 147 hommes hors de combat, y compris le capitaine et tous les officiers. A bord de l'*Aréthuse*, il y eut 108 hommes tués ou blessés.

sion, les confédérés, s'inspirant de ces traditions, qui sont un juste sujet d'orgueil pour les Américains, armèrent quelques croiseurs avec lesquels ils portèrent un coup désastreux au commerce des fédéraux. Malgré la supériorité maritime du Nord, la guerre était terminée avant que les corsaires du Sud fussent détruits. Le secrétaire de la marine des États-Unis, dans le rapport annuel présenté au congrès, le 1er décembre 1869, dit en parlant de ces événements : « Notre commerce a été chassé de la mer par deux ou trois navires grossièrement armés. » Personne, aux États-Unis, n'a songé à rendre la marine militaire responsable des pertes éprouvées par la marine marchande. Nous aurions dû, en France, imiter la conduite des Américains, et il ne devrait pas être nécessaire de défendre la marine d'avoir laissé passer l'*Augusta*. Il y a plus, nous dirons que s'il est une chose dont il y ait lieu d'être surpris, c'est que les Allemands, au risque de faire prendre quelques-uns de leurs bâtiments, n'aient pas tenté d'arrêter la marche de notre commerce maritime. Avant que nous fussions parvenus à nous emparer de leurs croiseurs, la marine marchande aurait éprouvé de très-grands dommages.

Nous allons montrer, en entrant dans le détail des opérations, combien il est difficile, avec la marine à vapeur, de maintenir étroitement bloqué un croiseur ennemi réfugié dans un port neutre. Nous supposerons d'abord que ce croiseur ne soit surveillé que par un seul bâtiment. Le navire bloqué, s'il ne trouve pas l'occasion de s'échapper pendant la nuit ou après du mauvais temps qui aura eu pour résultat d'éloigner son adversaire, attendra que le bâtiment qui est dehors ait consommé son charbon [1]. Ce moment arrivera plus ou moins vite suivant la saison ou les parages, mais il arrivera, et toujours assez promptement. En effet, malgré les progrès réalisés dans les machines marines, eu égard à la consommation du combustible, malgré les grandes dimensions de nos nouveaux bâtiments, la place réservée à bord au charbon est demeurée petite relativement à la dépense. Quand il ne restera plus au bâtiment chargé du blocus que la quantité de charbon nécessaire pour gagner un port

---

[1] Si l'*Alabama* n'était pas sorti de Cherbourg pour combattre le *Kerseage*, le navire sécessioniste, qui avait déjà fait tant de ravages, eût gagné le large aussitôt que le navire fédéral, après avoir consommé son charbon, eût abandonné sa croisière, soit pour entrer à Cherbourg, soit pour gagner quelque autre port neutre. Nous raisonnons dans l'hypothèse peu admissible où le capitaine Semmes n'eût pas trouvé l'occasion de prendre la mer malgré la présence du *Kerseage*.

neutre, il sera contraint d'abandonner son poste. S'il fait choix du port où se tient le corsaire ennemi, il n'aura là, aussi bien que dans tous les ports neutres où il se présentera, que le charbon indispensable pour se rendre dans le port de sa nation le plus voisin. Enfin, dans le cas où le navire bloqué profiterait de cette circonstance pour prendre la mer, le second ne pourrait quitter le port que vingt-quatre heures après le départ du premier. Il n'est pas besoin de dire qu'on ne poursuit pas, et surtout avec un approvisionnement de charbon insuffisant, un navire à vapeur parti depuis vingt-quatre heures dans une direction inconnue. On prolongera la durée du blocus en employant deux navires, ainsi que cela a été fait pour surveiller l'*Augusta*. L'un de ces navires restera au large, tandis que l'autre sera au même mouillage que le croiseur ennemi. Ces deux navires tiendront la mer alternativement, ou bien le second ira relever le premier lorsque celui-ci n'aura plus assez de charbon pour continuer sa croisière. Le blocus ainsi pratiqué durera plus longtemps que s'il n'était fait que par un bâtiment. Toutefois il viendra un moment où les deux navires ayant épuisé leur charbon disparaîtront. Enfin, ce moyen ne peut pas toujours être employé. En effet, s'il était facile d'expédier d'un de nos ports, non pas un ou deux, mais plusieurs navires, pour surveiller l'*Augusta*, mouillée à Vigo, et l'*Arcona*, réfugiée à Lisbonne, deux points placés à petite distance de notre littoral, il n'en eût pas été de même si ces mêmes croiseurs se fussent réfugiés dans quelque port situé sur les côtes de l'Amérique du Nord, sur les côtes du Brésil, dans l'océan Pacifique ou dans les mers de Chine. Ce n'est pas à dire que la situation d'un croiseur isolé soit facile. Elle est au contraire fort précaire, du moment que la nation à laquelle ce bâtiment appartient est impuissante à lutter en haute mer contre les forces navales de son ennemi. Accueilli froidement dans les ports neutres, ne recevant là, en vertu des règles internationales, que la quantité de charbon nécessaire pour rejoindre un des ports de sa nation, il ne peut parvenir à tenir la mer pendant un temps assez long qu'en surmontant de continuels obstacles. Poursuivi de tous côtés par des bâtiments qui n'ont rien ou peu à craindre puisqu'ils sont maîtres de la mer, harcelé par les meilleurs marcheurs appartenant aux divisions navales ennemies stationnant dans les parages où sa présence sera signalée, il finira par succomber. Mais avant d'en arriver là, si ce croiseur réunit les conditions voulues pour la mission dont il est chargé, il aura fait beaucoup de mal au commerce de ses adversaires. On verra, dans le chapitre relatif à la guerre de la Sécession, que la marine américaine, malgré son dévouement, ses efforts et son habileté incontestable, n'a pu rendre complétement efficace le blocus du littoral du Sud. Cependant, de l'aveu de tous, la conduite de la marine fédérale est au-dessus de tout éloge.

VIII

Conclusion. — Rôle de la marine actuelle dans une guerre continentale.

Il résulte des explications que nous avons données, relativement au rôle de la marine et à la direction imprimée à ses opérations, qu'à aucune époque de la guerre les amiraux qui ont commandé, soit l'escadre de la Baltique, soit les escadres qui se sont succédé dans la mer du Nord [1], ne peuvent être mis en cause à propos de leur inaction devant Kiel ou devant la Jahde. Cette responsabilité ne leur incombe pas. Ils avaient une mission absolument autre, et ils ne

[1] Les vice-amiraux Fourichon, comte Bouët-Willaumez, comte de Gueydon, Penhoat, et le contre-amiral Dieudonné.

disposaient pas de moyens suffisants pour l'exécution d'entreprises qui n'entraient pas dans les vues du gouvernement. Les plus chauds partisans d'une attaque sur Kiel et sur la Jahde, si tant est qu'il y en ait eu beaucoup, n'ont jamais imaginé, je pense, que l'amiral Bouët, dans la Baltique, avec sept cuirassés et trois avisos, ait pu attaquer Kiel. Cette affirmation serait difficile à soutenir. Elle se trouverait en contradiction formelle avec l'opinion des amiraux et des capitaines de cette escadre, opinion, il est permis de le dire, qui vaut quelque chose. Encore moins a-t-on pu penser qu'avec le même nombre de cuirassés et quelques bâtiments légers, l'amiral Fourichon fût en mesure d'entreprendre une opération aussi importante que l'attaque du port Guillaume. Les trois frégates cuirassées prussiennes, si elles étaient restées hors du port, représentaient la moitié de nos forces, et, si elles étaient rentrées dans les bassins intérieurs, elles augmentaient la défense d'un nombre de pièces de gros calibre égal à la totalité des pièces d'un bord de toute l'escadre française. C'est donc égarer l'opinion publique que de représenter nos escadres de la Baltique et de la mer du Nord hésitantes en face de l'ennemi, et ne montrant pas, au milieu des terribles circonstances que nous traversions, toute la résolution qu'on était en droit d'attendre d'elles. Ce sont là des assertions inexactes et dangereuses. C'est également s'écarter de la vérité que de laisser croire au pays que la marine n'a point été assez audacieuse et qu'elle pouvait faire davantage. Les partisans d'une attaque purement maritime sur Kiel et sur la Jahde eussent eu le droit de parler ainsi, à condition bien entendu de prouver l'excellence de leur plan, si le département de la marine avait conservé pendant la durée de la guerre la totalité de ses forces à son service. Il n'est besoin d'apprendre à personne que ce n'est pas ainsi que les choses se sont passées. Après Reichshofen et Forbach, c'est-à-dire à partir du 7 août, nous voyons la marine désarmant autant qu'elle le peut, afin de consacrer ses ressources à la défense du pays. C'est pourquoi on a seulement le droit de discuter la ligne de conduite qu'elle a adoptée et de dire qu'elle pouvait, non pas faire davantage, mais autre chose que ce qu'elle a fait. L'unique question à vider est celle-ci : le département de la marine a-t-il jugé sainement la situation, ou s'est-il trompé en décidant que toute tentative avec la flotte, agissant seule, sur Kiel et sur la Jahde, serait sans influence sérieuse sur les événements et de nulle efficacité pour arrêter le mouvement d'invasion de l'armée allemande. La marine n'a pas à plaider les circonstances atténuantes. Il s'agit de savoir si, oui ou non, elle a eu tort d'entendre la guerre maritime comme nous venons de le dire. Il faut cesser, au sujet des opérations militaires, de demander des comptes à des escadres dont les chefs, chargés de croisières purement maritimes, n'avaient d'autres moyens d'action que ceux qui étaient nécessaires à l'accomplissement de leur mission. La responsabilité de la solution adoptée par la marine ne porte pas sur les chefs de ces escadres, mais sur les ministres qui ont eu le portefeuille de la marine pendant la durée de la guerre, savoir l'amiral Rigault de Genouilly et l'amiral Fourichon. Tel est à tous les points de vue, qu'il s'agisse des choses ou des personnes, le véritable terrain du débat. Nous ne reviendrons pas sur le point de doctrine maritime et militaire engagé dans la question, nous l'avons longuement examiné lorsque nous avons montré quelles eussent été les conséquences d'une attaque sur Kiel et sur la Jahde faite par la marine seule. Ces opérations, réduites à un inutile échange de coups de canon, n'eussent été que de vaines et périlleuses démonstrations. Non-seulement leur effet comme diversion eût été nul, mais elles eussent eu le fâcheux résultat de maintenir sur les escadres les officiers et marins que le département de la marine, beaucoup mieux avisé, a envoyés aux armées. C'est ainsi que les choses se sont passées aux États-Unis et au Paraguay, et c'est aussi ce qui aurait eu lieu en France, si des désastres extraordinaires, et que malheureusement on ne peut pas appeler immérités, ne nous avaient empêchés de faire la guerre. Si ces conclusions sont reconnues justes, s'il est strictement vrai que nous eussions agi d'une manière inintelligente et contraire aux règles de la guerre en faisant attaquer par la flotte, agissant seule et avec un matériel insuffisant pour un bombardement, Kiel et la Jahde, quelle autre ligne de conduite que celle qu'il a suivie le département de la marine pouvait-il adopter? Lui reprocherait-on par hasard de n'avoir rien fait quand il n'y avait rien à faire? Il y avait cependant quelque mérite, dans des temps où on confondait aussi facilement l'agitation avec le mouvement, à savoir s'abstenir de l'action quand l'action était une faute. Le rôle de la marine pendant la guerre peut se résumer en quelques mots : « Faire le nécessaire pour do- » miner sur mer, et consacrer ses ressources et » le travail de ses arsenaux à la défense du terri- » toire. » C'est ainsi qu'elle a agi, et nous sommes convaincu que tous les écrivains militaires, à quelque nation qu'ils appartiennent, diront que dans la situation de la France elle ne pouvait pas et ne devait pas faire autre chose.

Nous avons traité ce sujet avec de grands développements, non-seulement à cause de l'intérêt qui s'y attache au point de vue du rôle de la marine pendant la guerre, mais aussi pour arriver à la formule des services que les flottes actuelles, à grande vitesse, blindées et puissamment armées comme artillerie, peuvent rendre dans une guerre continentale. Il n'est certainement pas douteux que, dans une guerre continentale, les flottes actuelles ne soient appelées à rendre des services, mais à la condition qu'elles se trouveront associées aux opérations de l'armée de terre. C'est lorsqu'elles agiront de concert avec l'armée, et lorsque le but particulier assigné à leurs efforts se rattachera au plan général, qu'elles seront le plus utiles et qu'elles remporteront les plus grands succès. Nous allons essayer de le démontrer dans la deuxième partie de ce travail, en nous appuyant sur des exemples empruntés à notre propre histoire et sur les événements maritimes de la guerre de la Sécession et de l'expédition du Paraguay.

DEUXIÈME PARTIE

I

Aperçu des principales opérations exécutées par les flottes en dehors des rencontres en pleine mer, de 1643 à 1851.

Lorsque deux puissances maritimes sont en guerre, chacune d'elles s'efforce, par tous les moyens à sa disposition, de réduire à l'impuissance les forces navales de son adversaire. Si un des deux belligérants parvient à fermer la mer à son ennemi, soit en bloquant ses ports, soit en exerçant sur mer un tel ascendant que celui-ci n'ose plus y aventurer ses bâtiments, le but est pleinement atteint. Être maître de la mer, c'est-à-dire y voir circuler librement ses bâtiments, tandis que ceux de l'ennemi restent confinés dans ses ports, telle est la marque de la supériorité maritime. Il est de toute évidence qu'un semblable résultat ne peut être obtenu par une des deux nations entre lesquelles la lutte est engagée que par suite d'une très-grande supériorité, au début de la guerre, ou après des victoires successives ayant eu pour conséquence l'affaiblissement à peu près complet, si ce n'est la destruction des ressources maritimes de son antagoniste. Supposons, quelle qu'en soit la cause, un des deux belligérants en possession de cette situation. La marine qui aura accompli cette première partie de sa tâche recherchera si elle n'a pas la possibilité de sortir de l'inaction relative à laquelle elle se trouve condamnée, puisque toute action offensive sur mer semble lui être interdite. Que peut-elle faire et quelles sont les opérations auxquelles il lui est donné de prendre part? Si le matériel se transforme avec les progrès de la science et de l'industrie, les principes sur lesquels s'appuie l'art de la guerre ne changent pas. Il n'est donc pas inutile de jeter un coup d'œil en arrière, et d'examiner ce qui s'est passé dans le cours des longues guerres qui ont eu lieu entre la France et l'Angleterre, lorsqu'une des deux nations s'est trouvée maîtresse de la mer, d'une manière permanente ou temporaire, soit enfin lorsque l'une d'elles a cherché, en dehors du champ de bataille maritime, un moyen de nuire à son ennemi. Nous le ferons très-rapidement jusqu'au moment où commence, d'une manière sérieuse, l'action combinée de la vapeur, du blindage et de la grosse artillerie, c'est-à-dire jusqu'à l'époque des guerres de la Sécession et du Paraguay.

Sans remonter plus haut que le règne de Louis XIV, nous voyons les escadres de la France, de l'Angleterre ou de la Hollande, lorsqu'elles sont momentanément maîtresses de la mer, soit dans les mers d'Europe, soit dans les mers des Antilles, embarquer des troupes et les porter sur quelque point du littoral ennemi. Les îles de Tabago et de Mont-Serrat, Cayenne, Gorée, les îles du cap Vert, les établissements de Terre-Neuve sont tour à tour pris et repris. Les Anglais opèrent des débarquements sur nos côtes et attaquent successivement Saint-Malo, les îles Houat, Hoedic, l'île de Groix et l'île de Ré. Quelques déprédations sont commises sur nos côtes par les Hollandais. Les Français portent des troupes en Irlande, où une partie de la population est toujours prête à se soulever contre la domination anglaise. Tourville, après avoir battu l'escadre anglo-hollandaise, canonne les batteries qui défendent la baie de Torbay, et, après les avoir réduites au silence, il livre aux flammes les bâtiments qui sont sur la rade. En 1712, Duguay-Trouin, à la tête d'une escadre portant des troupes de débarquement, force l'entrée de Rio-Janeiro et oblige la ville à capituler. C'est un des faits d'armes les plus remarquables qu'on puisse citer.

Pendant le cours des guerres maritimes qui eurent lieu sous le règne de Louis XV, nous voyons se dérouler des événements maritimes et militaires de même nature. Madras et Pondichéry, dans l'Inde, la Martinique, la Guadeloupe, Sainte-Lucie, les Saintes, Marie-Galante, la Grenade dans la mer des Antilles, Saint-Louis du Sénégal, Gorée sur la côte occidentale d'Afrique, l'île Royale (Nouvelle-Écosse), sont le théâtre d'opérations de guerre exécutées par les escadres de la France ou de l'Angleterre avec des troupes de débarquement. Sur nos côtes, les Anglais attaquent Lorient, les îles Houat, Hoedic, Belle-Isle, l'île d'Aix, Cancale, Cherbourg, et bombardent le Havre. Une expédition militaire et maritime enlève Minorque aux Anglais. Le marquis de la Galissonnière, parti de Toulon avec une escadre de douze vaisseaux de ligne escortant un convoi de cent cinquante voiles chargé de troupes, débarque dans l'île 1,500 hommes sous les ordres du duc de Richelieu. L'escadre française croisa en vue de Mahon pour empêcher toute communication entre la terre et l'ennemi. Une escadre anglaise, sous les ordres de l'amiral Byng, se présenta peu après devant Minorque, apportant des troupes et des munitions. Battue par l'escadre française, elle se retira à Gibraltar. Avant que des renforts expédiés d'Angleterre eussent permis à l'amiral Byng de reprendre l'offensive, l'île de Minorque était tombée au pouvoir des Français. Les mêmes faits se produisirent pendant la guerre de l'indépendance d'Amérique. Les établissements coloniaux, objet de la convoitise des belligérants, furent, tour à tour, pris et repris par les escadres de la France et de l'Angleterre, aidées dans ces entreprises par des troupes de débarquement. L'illustre et infatigable Suffren, dans sa glorieuse campagne de l'Inde, ne porta pas seulement son attention sur l'escadre anglaise, il suivit aussi, d'un œil attentif, ce qui se passait à terre. Outre les six combats heureux qu'il livra à la flotte anglaise, il parvint à débloquer Gondelour et il s'empara de Trinquemalay, enlevé peu avant par les Anglais aux Hollandais, et le seul port de la côte où il pouvait réparer ses bâtiments. Dans le courant de l'année 1779, le cabinet de Versailles conclut un traité d'alliance offensive et défensive avec la cour d'Espagne. La convention militaire passée entre les deux nations eut pour objet principal une expédition en Angleterre et une attaque contre Gibraltar. Ces deux opérations exigeaient le concours de la marine et de l'armée.

Lorsqu'en 1792 la guerre éclata entre la France et l'Autriche, inaugurant l'ère de nos longues luttes avec l'Europe, la marine française prit part aux expéditions dirigées contre Nice, Villefranche, Oneille et la Sardaigne. Pendant les années 1796, 1797, 1798, nous faisons d'inutiles efforts pour jeter des troupes en Irlande. En 1798, la marine parvient à débarquer une armée en Égypte, mais la flotte anglaise étant maîtresse de la mer, cette expédition, après avoir jeté d'abord un vif éclat, se termina d'une manière fâcheuse pour nos armes. Pendant le cours de cette longue guerre, les escadres anglaises mouillèrent sur nos côtes et tentèrent quelques coups de main sur des points isolés de notre littoral. Mais, à l'exception de l'affaire de Quiberon, où le sang français seul coula, les Anglais ne dirigèrent aucune attaque contre les villes maritimes importantes, comme Cherbourg, Saint-Malo, Brest, Lorient, ainsi que cela avait eu lieu dans les luttes précédentes. Toutefois, en 1809, une grande expédition maritime et militaire sortit des ports anglais à destination de l'île de Walcheren. Elle avait pour mission de détruire le port de Flessingue, notre nouvel arsenal d'Anvers et la flotte française de l'Escaut.

Cette tentative échoua de la manière la plus complète. Les forces navales de la Grande-Bretagne, maîtresses de la mer, attaquèrent successivement nos colonies. Celles-ci résistèrent longtemps, mais dénuées de ressources et ne recevant aucun secours de la mère patrie, elles finirent par succomber.

Sous la Restauration, la marine contribua au succès de la guerre d'Espagne en prenant part à l'attaque de l'île Verte et à la reddition du port Santi-Petri. La flotte prêta également son concours à la guerre de Morée et à l'expédition d'Alger. Dans ces dernières circonstances la France était entièrement libre de ses mouvements sur mer. Il en fut de même dans les quelques affaires de guerre auxquelles la marine se trouva associée de 1830 à 1851, savoir : l'affaire du Tage, en 1831 ; l'attaque de San-Juan d'Ulloa, en 1838 ; l'expédition de Tanger et de Mogador, en 1844, le combat d'Obligado, en 1845, et le combat de Sali, en 1851.

Depuis 1643 jusqu'en 1851, nous voyons que la plupart des opérations de guerre faites par la marine, en dehors des rencontres en pleine mer, ont été exécutées par des escadres agissant de concert avec des troupes. Quelquefois la part principale revient à la marine, mais le succès définitif de l'expédition n'est et ne peut être obtenu qu'avec l'aide d'un corps de débarquement qui met le pied sur le sol. C'est ainsi que la flotte du marquis de la Galissonnière a rendu possible l'expédition de Minorque, mais la conquête de l'île n'a pu être faite que par les troupes du duc de Richelieu. Duguay-Trouin pénétra de vive force dans la rade de Rio, malgré le feu des forts de l'entrée ; mais s'il n'avait pas eu de soldats à mettre à terre, à quoi eût abouti cette première action ? L'escadre, après avoir mangé ses vivres, eût été obligée d'appareiller, ayant infligé à l'ennemi des dommages matériels considérables, mais ne retirant de cette affaire aucun avantage direct qui compensât les sacrifices faits pour cette expédition. Ce n'est pas ainsi que l'entendait l'homme de guerre remarquable qui l'avait organisée et qui la dirigeait. Il n'aurait pas quitté la France sans avoir sur son escadre des troupes, avec lesquelles il forma, en leur adjoignant des marins, le corps de débarquement avec lequel il agit à terre.

Nous avons à signaler quelques opérations dans lesquelles la marine agit seule. Nous rappellerons le bombardement du Havre, de Dieppe et de quelques autres points de la côte de France par les Anglais, de Barcelone, d'Alicante et de

Gênes par les Français, et d'Alger par les Anglais et les Français. En 1801, Nelson parut devant Copenhague avec une escadre. Après une lutte sanglante, il contraignit les Danois à entrer en pourparlers pour la conclusion d'un armistice. Mais l'amiral avait affaire à une capitale qu'il menaçait d'incendier avec la division de bombardes jointe à la flotte anglaise. Ce fut une des causes qui amenèrent le prince royal à traiter. L'expédition du Tage est un des faits d'armes les plus remarquables que puisse revendiquer la marine agissant seule. L'amiral Roussin, à la tête de vaisseaux à voiles, força l'entrée du Tage, puis, continuant sa route, il vint jeter l'ancre devant Lisbonne. Il s'empara des bâtiments portugais embossés devant la ville, et il mit le gouvernement en demeure de traiter immédiatement. Les Portugais acceptèrent les conditions qui leur furent imposées. En 1807, l'amiral Duckworth avait franchi les Dardanelles et il s'était présenté inopinément devant Constantinople, mais il n'avait pu obtenir du Divan de traiter sur l'heure. Quelques jours s'écoulèrent pendant lesquels les Turcs, sous la conduite d'officiers français et sous la direction de notre ambassadeur, armèrent les forts et construisirent quelques batteries sur le rivage. L'amiral Duckworth avait laissé échapper l'occasion favorable, et il ne lui restait plus qu'à appareiller, ce qu'il fit, mais il éprouva des pertes sérieuses en repassant le détroit des Dardanelles. Le combat de San-Juan d'Ulloa mérite une mention particulière. Avec quelques frégates, corvettes, bricks et bombardes, l'amiral Baudin fit capituler cette forteresse. Le succès fut dû à la hardiesse de l'attaque et à l'emploi extrêmement judicieux que l'amiral fit de son artillerie. Les frégates, qui constituaient sa force principale, avaient du 30 dans leurs batteries couvertes, tandis que le fort n'était armé que de canons de 18 et de 24. L'amiral plaça ses bâtiments à une distance telle que les projectiles de l'ennemi ne pouvaient traverser la muraille de nos frégates.

Ces quelques exemples montrent ce que peut en certaines circonstances l'action directe de la marine. Ce sont là des exceptions; la règle, c'est ce que nous avons dit plus haut, à savoir qu'en dehors des rencontres en pleine mer, les opérations au moyen desquelles des résultats importants ont été obtenus ont été exécutées de concert avec l'armée ou avec l'aide d'un corps de débarquement considérable. Tels sont les enseignements de l'histoire, de 1643 à 1854, c'est-à-dire pendant un temps où la force principale des escadres réside dans des vaisseaux à voiles. Nous avons vu que lors de l'expédition du Tage, aucun navire à vapeur ne figura dans l'escadre de l'amiral Roussin. A San-Juan d'Ulloa, à Tanger, à Mogador, à Salé, les bateaux à vapeur ne remplirent d'autre office que de conduire les bâtiments à leur mouillage lorsque le feu cessa. Cependant la marine à vapeur était déjà bien loin du rôle modeste qu'elle jouait en 1830. En 1846, une discussion très-approfondie concernant notre matériel naval avait eu lieu à la Chambre. On avait reconnu que notre situation au point de vue de la marine à vapeur était arriérée. Les députés, dans un élan patriotique, donnèrent au ministre plus qu'il ne demandait pour mettre notre matériel naval à la hauteur du matériel des puissances étrangères. Une part très-large dans l'emploi des fonds était faite à la nouvelle marine. Quelques années devaient nécessairement s'écouler avant que cette intelligente libéralité pût porter ses fruits; toutefois, lorsque survint la guerre de Crimée, la transformation de la flotte avait fait de véritables progrès. L'escadre d'évolution mouillée à Toulon en mars 1853, n'ayant encore reçu aucun renfort, était composée de huit vaisseaux de ligne sur lesquels trois étaient à vapeur, savoir : le *Napoléon*, de 90 canons et de 900 chevaux, le *Charlemagne*, de 80 canons et de 450 chevaux, et le *Montebello*, de 120 canons, mû par une machine de 420 chevaux. On voit que si les vaisseaux à voiles constituaient encore la force principale des grandes flottes, c'était à un degré bien moindre qu'autrefois. Nous allons examiner le rôle de la marine alors que son matériel différait pour la première fois de celui qui pendant deux siècles avait servi à faire la guerre.

II

Vaisseaux de ligne à vapeur et à hélice. — Guerre de Russie. — Entrée des flottes alliées dans la mer Noire. — Abandon par les Russes des forts échelonnés sur la côte de Circassie. — Transport de l'armée en Crimée. — Débarquement à Oldfort. — Ravitaillement de l'armée. — Batteries flottantes cuirassées à Kinburn. — Sans la marine à vapeur, il n'eût pas été possible de maintenir sur le plateau de la Chersonèse un effectif suffisant pour lutter avec les Russes.

On se rappelle les événements qui amenèrent cette grande guerre de Crimée. L'empereur Nicolas, se méprenant sur la situation de l'Europe en 1853, crut le moment favorable pour donner satisfaction aux convoitises traditionnelles de son pays sur l'Orient. L'Angleterre, un moment hésitante, bientôt convaincue de la droiture de nos intentions, s'unit sincèrement à la France pour s'opposer aux projets de la Russie. Devant l'alliance solide de ces deux puissances, celle-ci eût dû comprendre la nécessité de s'arrêter. Malgré l'habileté bien connue de sa diplomatie, la Russie ne sut pas se résigner à ce sacrifice; d'ailleurs, les événements avaient marché, et les passions nationales surexcitées permettaient difficilement au czar de reculer. En mars 1853, l'escadre d'évolution, mouillée sur rade de Toulon, reçut l'ordre de se rendre à Salamine. L'escadre se porta successivement à Besika, à l'entrée des Dardanelles, au mouillage de Lampsaki; enfin elle pénétra avec l'escadre anglaise dans le Bosphore, et toutes deux vinrent prendre position à Beikos. Jusque-là la France n'avait pas déplacé un soldat, et à l'aide de sa flotte, qui n'avait pas été augmentée d'un seul navire, elle avait pu suivre les événements et manifester clairement ses intentions. Les escadres d'évolution sont des instruments prêts pour jouer suivant les circonstances un rôle politique ou militaire. Il est bon de rappeler leur utilité à ceux qui, tentés par des économies, songeraient à toucher à une organisation qui répond non-seulement à des nécessités d'instruction, mais à des exigences gouvernementales.

Avant que les hostilités fussent commencées, toute action de la Russie cessa dans la mer Noire. Elle évacua en toute hâte ceux des forts situés sur la côte d'Asie, entre Anapa et Batoum, dont les garnisons, n'ayant pas de ligne de retraite assurée et ne pouvant être ravitaillés que par mer, devaient inévitablement tomber sous les canons de nos flottes. S'il avait été possible dès le début de la guerre d'envoyer sur les côtes de Circassie une division de bâtiments rapides, alors que le gros de l'escadre aurait tenu Sébastopol étroitement bloqué et qu'un autre détachement de la flotte eût croisé devant Kertch, une quantité considérable de matériel et un nombreux personnel seraient tombés dans les mains des alliés. En effet, à quelque temps de là, une division de l'escadre alliée, composée de deux vaisseaux à hélice et de quelques frégates à vapeur, enleva 800 hommes et des approvisionnements provenant de l'évacuation d'un de ces postes et que deux bricks grecs transportaient à Kertch. Cette même division ayant reconnu que Iénikaleh était encore occupé par les Russes, se porta rapidement à Batoum, où elle prit des troupes turques qu'elle revint débarquer sous la protection de ses canons, à petite distance des batteries qui défendaient la position ennemie du côté de la mer. Les Russes intimidés abandonnèrent Iénikaleh sans combat. Ils coupèrent les ponts qui eussent permis de les poursuivre, et se mirent en retraite. La flotte alliée, mouillée à Baltchick lors de la déclaration de guerre en mars 1854, ne comptait dans ses rangs qu'un petit nombre de vaisseaux à vapeur, ce qui ne lui donnait pas une grande rapidité d'allure. Nous avions des frégates, des corvettes et des avisos à vapeur, mais la plupart de ces navires étaient à roues, et dans leur ensemble ils ne représentaient qu'une force militaire sans importance. Si nous supposons que les escadres aux ordres des amiraux Hamelin et Dundas eussent été composées comme le seraient aujourd'hui les flottes de la France et de l'Angleterre, la marine eût immédiatement porté un rude coup à l'ennemi. Un matériel considérable serait tombé dans nos mains, et, ce qui eût été plus important, nous eussions pris, soit immédiatement, soit lorsque leurs vivres eussent été épuisés, les garnisons de la plupart des forts échelonnés sur la côte de Circassie. Or, ces troupes, ramenées à Kertch, furent précisément celles qui figurèrent à l'Alma et à Sébastopol au début du siége.

Sous la double influence de l'échec de Silistrie

et de la présence des alliés à Varna, les Russes évacuèrent les principautés danubiennes et repassèrent leur propre frontière. Les alliés hésitaient à les suivre ; d'autre part, la question ne pouvait être dénouée sans combat. C'est alors que l'expédition de Crimée fut proposée. Elle fut acceptée, à Paris et à Londres, comme une solution. Il s'agissait de transporter un corps d'armée assez nombreux pour vaincre les premières résistances qu'on allait rencontrer, tout en conservant une flotte de guerre suffisamment libre de ses mouvements pour préserver de toute insulte, de la part de la marine russe, les navires chargés de troupes. Enfin, il fallait choisir sur ce littoral, que nous connaissions très-peu, non-seulement un endroit favorable pour débarquer l'armée, mais aussi un point pour mettre à terre les renforts et les munitions nécessaires à cette expédition. Telles étaient les difficultés que la marine avait à résoudre. La mauvaise saison approchait, puisque nous étions en septembre, et le gros des forces navales était composé de vaisseaux à voiles. Or, les escadres à voiles, les amiraux les plus hardis ne les ont jamais conduites qu'avec beaucoup de circonspection. Une grave responsabilité pesait sur l'amiral Hamelin et sur son collègue l'amiral anglais. L'embarquement des troupes, commencé le 31 août, fut terminé le 4 septembre. Dix jours après, c'est-à-dire le 14, les escadres mouillèrent devant le vieux fort, sur la côte occidentale de Crimée, point choisi par la marine et l'armée pour opérer le débarquement. Par un temps magnifique, favorisant des projets bien conçus, les troupes furent mises à terre. Ce fut à sept heures du matin que le premier bâtiment, *la Ville de Paris,* vaisseau à trois ponts portant le pavillon de l'amiral Hamelin, laissa tomber l'ancre, et à une heure, « trois divisions et dix-huit bouches à feu de campagne, avec leurs chevaux, étaient à terre, c'est-à-dire presque toute l'armée quant au personnel »[1].

Les ordres de la majorité générale de l'escadre indiquant dans le plus grand détail comment devait être conduite l'opération du débarquement, sont des modèles à conserver pour en appliquer toutes les dispositions dans des circonstances semblables.

Quoique l'action des marines alliées se trouvât forcément limitée par suite de la décision prise par l'ennemi, d'une part, de couler ses vaisseaux à l'entrée de Sébastopol, d'autre part, de garder l'escadre de la Baltique dans le port de Cronstadt, les flottes eurent néanmoins quelques occasions

[1] Termes du Rapport officiel.

de tirer du canon. Dans la Baltique, la marine coopéra, en 1854, à la prise de Bomarsund, et en 1855 elle bombarda l'arsenal de Sweaborg. Dans la mer Noire, les flottes prirent également part à quelques affaires de guerre. Le 17 octobre 1854, dans le but d'opérer une diversion à l'attaque faite par l'armée, qui comptait ce jour-là sur une affaire décisive, les flottes canonnèrent les forts qui défendaient l'entrée de Sébastopol. On sait que le feu des batteries de l'armée anglo-française fut rapidement éteint par les pièces de gros calibre provenant des vaisseaux et garnissant les batteries de défense rapidement élevées par nos adversaires. Quand les flottes se présentèrent, les Russes n'avaient plus d'inquiétude sur les résultats de l'attaque principale, et ils disposaient de tout leur personnel pour armer les batteries qui avaient vue sur la mer. Le feu commença vers une heure et dura jusqu'à la nuit. Les flottes se retirèrent, avec quelques centaines d'hommes hors de combat, après avoir tué ou blessé 1,000 hommes à l'ennemi. C'est le chiffre donné par les rapports officiels russes. Plusieurs vaisseaux furent endommagés, mais si on doit éprouver un sentiment, c'est celui de la surprise que nos bâtiments n'aient pas plus souffert. Les amiraux étaient pénétrés de l'inefficacité de cette canonnade engagée entre des murailles de bois et des murailles de pierre, mais ils jugèrent nécessaire d'apporter le concours des forces navales à l'attaque projetée par l'armée et dont le succès pouvait nous donner Sébastopol. Enfin, l'impatience de rencontrer l'occasion d'un engagement avec l'ennemi était le sentiment général de la flotte, et les amiraux crurent devoir lui donner satisfaction. Quelques officiers et marins eurent l'honneur de prendre part avec notre armée aux difficultés de ce siége mémorable. L'amiral Hamelin mit à terre, sous les ordres du capitaine de vaisseau, aujourd'hui amiral, Rigault de Genouilly, 1,500 hommes destinés à servir quatre-vingts pièces de gros calibre débarquées des vaisseaux.

Pendant le cours de l'année 1855, la marine apporta également son concours à plusieurs expéditions. Le vice-amiral Bruat, qui commandait la flotte française, rechercha toute occasion d'envoyer ses bâtiments au feu. On doit exprimer le regret que cet habile et énergique officier général, jouissant de la confiance absolue des officiers et des marins de son escadre, n'ait pas eu l'occasion de tenter quelque entreprise à la hauteur de son grand courage. Cet amiral exerçait une influence personnelle très-grande ; partout où il aurait été on l'eût suivi aveuglément. Cette condition, sur mer comme sur terre, est un gage presque assuré de succès. La marine contribua au succès de l'expédition de Kertch, en détachant dans la mer d'Azof une flottille de canonnières et d'avisos qui s'empara de cette mer et parvint ainsi à tarir une des sources d'où l'armée russe tirait la plus grande partie de ses approvisionnements. Ce fut dans le courant de l'année 1855 qu'apparurent dans la mer Noire les trois batteries blindées *Lave, Tonnante, Dévastation*, dont le succès à Kinburn fut très-brillant.

On ne saurait blâmer la décision prise par la marine russe de ne point tenter en mer une lutte que la supériorité des alliés rendait inégale. Quand on se rappelle les services que rendirent, pendant ce siége mémorable, les vaillants officiers et équipages de la flotte de la mer Noire, on est forcé d'applaudir à l'énergique résolution du prince Mentschikoff, de couler leurs vaisseaux à l'entrée de ce port qu'ils devaient si bien défendre. C'est grâce aux canons de cette flotte que les Russes eurent l'avantage dans le combat d'artillerie engagé, le 17 octobre 1854, avec les troupes alliées. Le personnel et le matériel de la flotte jouèrent un rôle important dans la défense. La marine russe, quoiqu'elle n'ait pas combattu sur mer, servit utilement et honorablement son pays. Toutefois cet état de choses limita le rôle militaire de la flotte, en même temps qu'il lui imposa des obligations purement maritimes extrêmement pénibles, savoir l'approvisionnement et le ravitaillement de l'armée. Sébastopol était devenu un camp où la Russie poussait, de toutes les parties de son vaste territoire, les forces qu'elle pouvait réunir. Que serait devenue notre armée, si des renforts ne fussent venus combler les vides faits dans les rangs par ces combats de chaque jour et de chaque nuit, et les souffrances de ce long hiver passé dans les tranchées? Malgré son admirable bravoure, malgré la patience et l'abnégation dont elle donna tant de preuves, elle eût fini par succomber. Nos bâtiments portèrent sans relâche des hommes, des munitions de guerre et même des vivres, car, sur cette langue de terre où étaient campés nos soldats, nous ne trouvions rien pour les faire subsister. La marine commerciale de notre pays était et est encore insuffisante pour faire face à de pareilles exigences. Ce fut donc à la marine militaire que ce devoir incomba.

En 1798, lors de l'expédition d'Égypte, l'armée du général Bonaparte, forte de 36,000 hommes, fut embarquée sur quatre cents bâtiments, dont soixante-douze armés en guerre ou en transport. La flotte, réunie à Toulon, en mai 1830, sous le commandement du vice-amiral Duperré, s'élevait à six cent soixante-quinze bâtiments, sur lesquels cent trois appartenaient à la marine militaire. Cette flotte transporta à Sidi-Ferruch 37,000 hommes, 4,000 chevaux ou mulets, et un immense matériel de campagne. Pour porter de Varna en Crimée l'armée expéditionnaire, forte de 28,000 hommes avec 1,376 chevaux et 68 canons, l'amiral Hamelin n'eut besoin que de cent dix-huit bâtiments, quinze vaisseaux, dix-neuf frégates, dix corvettes, deux transports et soixante-douze bâtiments de commerce. La distance de Varna à Oldfort n'était que de quatre-vingt-dix lieues, tandis que de Toulon à Alexandrie on compte cinq cents lieues, et de Toulon à Sidi-Ferruch, cent trente lieues. On ne doit pas oublier qu'en raison de la durée de la traversée qu'elle avait à effectuer, la flotte qui se rendait en Égypte avait à transporter une quantité de vivres considérable. Tout en tenant compte des différences résultant de la nature des trois expéditions, il est impossible de ne pas être frappé de la simplicité des moyens employés en 1854, eu égard à ceux auxquels on dut avoir recours en 1798 et en 1830.

Quoique la marine à vapeur fût, en 1854 et en 1855, loin du développement qu'elle a atteint depuis cette époque, c'est à elle qu'on doit le succès de l'expédition de Crimée. C'est certainement notre armée qui a gagné la bataille de l'Alma, supporté sous la tente les rigueurs de l'hiver, enlevé Malakoff, et enfin pris Sébastopol, mais ce sont les marines de France et d'Angleterre qui ont rendu la lutte possible entre nous et nos adversaires. En effet, une fois Sébastopol considéré comme le terrain sur lequel devait être dénouée par les armes la question pendante entre les trois nations, il s'agissait, pour chacune d'elles, de faire arriver ses troupes le plus promptement possible sur ce champ de bataille. La situation de la Russie semblait, sous ce rapport, meilleure que la nôtre, puisque cette puissance combattait chez elle. Cependant, grâce à la marine à vapeur, la route maritime put lutter de célérité avec les voies terrestres qui de toutes les parties de l'empire amenaient des renforts à l'armée russe. La marine à voiles n'eût pu remplir cette tâche avec une rapidité suffisante. Toutefois les services militaires que rendirent nos flottes, pendant cette campagne où elles n'eurent pas à combattre sur mer, conservèrent le caractère des services rendus, dans les mêmes circonstances, par l'ancienne marine.

Nous avons dit que la transformation de la flotte à voiles avait commencé plusieurs années avant la campagne de Crimée. Après cette guerre, cette transformation fut poursuivie avec un redoublement d'activité. Les bâtiments à voiles disparurent, et ils furent remplacés par des bâtiments à vapeur, à hélice et à grande vitesse. Cette nouvelle flotte rendit possibles les expéditions de Chine, de Cochinchine et du Mexique. Le succès de la *Lave*, de la *Tonnante* et de la *Dévastation*, à Kinburn, avait été tellement heureux, que les nations maritimes furent obligées de s'occuper de ce genre de construction. Quelques années après, les escadres étaient composées de navires cuirassés portant une puissante artillerie. Depuis cette époque, aucune grande guerre maritime n'a eu lieu. Toutefois, pendant le cours de la guerre de la Sécession et de l'expédition du Paraguay, nous trouvons des événements militaires et maritimes utiles à consulter. Les flottes de ces deux pays se sont trouvées maîtresses de la mer, et elles ont eu à agir sur le littoral ennemi avec des navires cuirassés, c'est-à-dire avec le matériel existant actuellement. L'étude des opérations qu'elles ont exécutées offre, à ce titre, un intérêt particulier. Nous verrons si nous arrivons à une nouvelle formule des services que la marine est appelée à rendre.

III

Élection du président Lincoln. — Les États du Sud se séparent de l'Union. — Attaque du fort Sumter par les confédérés. — Efforts de la marine fédérale pour fermer la mer aux confédérés. — Blocus des côtes et expéditions maritimes sur le littoral pour atteindre ce résultat. — Appui donné aux troupes sur le James-River par une flottille fédérale.

Ce fut à la fin de l'année 1860 qu'eurent lieu, aux États-Unis, les élections destinées à donner un successeur au président Buchanan, dont la magistrature expirait dans le mois de mars 1861. Le nom d'Abraham Lincoln, un homme du Nord, pour employer le langage politique du pays, sortit de l'urne électorale. Ce résultat souleva, dans les États du Sud, une profonde émotion. Des ressentiments, contenus jusque-là par l'administration pleine de tempéraments du président Buchanan, firent explosion. Le Sud, agriculteur et partisan de l'esclavage, se considéra comme menacé dans ses droits et dans ses intérêts par le Nord industriel et anti-esclavagiste. La population vit dans le nouveau président la personnification, en matière économique et sociale, des idées et des doctrines des hommes du Nord, et elle ne mit point en doute que Lincoln n'eût accepté la mission de les appliquer. Le Sud préféra s'exposer à tous les risques, même à ceux résultant de la guerre civile, plutôt que de permettre qu'on portât atteinte à la législation existante. Dans le courant de décembre 1860, la Caroline du Sud se sépara ouvertement de l'Union. Le Mississipi, l'Alabama, la Louisiane, suivirent presque immédiatement cet exemple. En mars 1861, la Virginie, le Tennessee, l'Arkansas, avaient adhéré à la Confédération du Sud. Celle-ci établit sa nouvelle capitale à Richmond, ville située dans l'État de Virginie et distante d'environ trente lieues de Washington. Les forts, les arsenaux situés dans les États désignés ci-dessus, le port de guerre de Norfolk, tombèrent entre les mains des sécessionistes. Ces positions militaires étaient presque toutes commandées par des officiers appartenant au Sud et décidés à embrasser sa cause. Toutefois, l'officier qui commandait le fort Sumter, construit sur un îlot, à l'entrée de Charlestown, ayant refusé d'obéir aux ordres de la nouvelle Confédération, fut attaqué immédiatement. La garnison du fort, n'étant ni ravitaillée ni secourue, capitula après quelques jours de siége. Ce furent là les premières hostilités. Bien du sang devait être versé et bien des ravages commis avant que ces contrées, alors si florissantes, fussent appelées à jouir de nouveau des bienfaits de la paix.

Pendant que ces faits se consommaient, le Nord, dépourvu de ressources militaires, faisait en toute hâte les préparatifs nécessaires pour conjurer le péril qui le menaçait. La prise du fort Sumter avait dissipé toutes les illusions que le gouvernement fédéral avait conservées pendant quelque temps sur la portée du mouvement séparatiste. Il ne s'agissait pas d'une insurrection dont quelques troupes eussent eu raison, mais d'un soulèvement qui allait rendre nécessaire la conquête des États révoltés. Aussitôt qu'on se fut rendu compte à Washington de l'étendue de la résistance que le Sud était en état d'opposer, une des premières mesures ordonnées par le président Lincoln fut le blocus des côtes et des ports de la nouvelle Confédération. Dans l'opinion mûrement réfléchie des membres du gouvernement chargés de la direction des opérations militaires, le résultat définitif de la lutte dépendait, pour une part considérable, du succès de cette entreprise et de la promptitude apportée à l'exécution. On savait à Washington que si la mer était libre, les confédérés improviseraient des navires de guerre qu'ils enverraient, sur toutes les mers, chasser la flotte marchande des États-Unis, ce qui leur permettrait de frapper au cœur leurs adversaires, dont le commerce maritime faisait la richesse et la force. Enfin, si les ports de la nouvelle Confédération continuaient à être ouverts aux navires étrangers, les gens du Sud échangeraient les produits de leur sol contre les armes, munitions et approvisionnements qui leur manquaient. Avec la mer fermée, les confédérés, livrés à eux-mêmes, étaient contraints, dans un pays qui n'était pas industriel, de créer les ressources nécessaires pour faire la guerre. Le gouvernement fédéral était convaincu que le jour où le Sud serait complétement isolé, sa défaite serait proche. C'était à cette situation qu'il importait de l'amener le plus promptement possible. Le 19 avril 1861, le président Lincoln déclara les côtes et ports des États rebelles en état de blocus [1]. Tous les bâtiments disponibles furent armés, et des mesures furent prises pour en augmenter le nombre. D'autre

---

[1] Ce blocus fut reconnu par toutes les puissances, quoiqu'il se passât un temps assez long avant qu'il fût effectif.

part, le ministère de la marine prépara, de concert avec celui de la guerre, une série d'expéditions maritimes et militaires destinées à faire tomber entre ses mains les positions les plus importantes du littoral. En cas de succès, la marine assurait des points d'appui à ses croiseurs, et elle rendait ainsi plus facile la surveillance des ports et rades que conservait l'ennemi.

Avant la fin de l'année 1861, Hatteras, dans la Caroline du Nord, Port-Royal et Beaufort, dans la Caroline du Sud, avaient été repris aux confédérés par l'action combinée de la marine et des troupes de débarquement commandées par les généraux Butler et Sherman. Le commodore Dupont s'était rendu maître de l'île de Tybec, à l'entrée de la baie de Savannah, et y avait mis garnison. L'expédition attaqua le fort Pulasky, situé sur la terre ferme, sans parvenir à s'en emparer. Ces résultats, sans être d'une grande importance, étaient de nature à amoindrir la portée des échecs éprouvés par les armées fédérales. Ce qui se passait sur mer montrait, en outre, combien il importait d'augmenter les ressources dont disposait la marine. Le blocus, fait par un nombre de bâtiments insuffisant, n'était pas respecté. Chaque jour des navires étrangers entraient dans les ports de la nouvelle Confédération avec des munitions et des armes, et ils en sortaient avec du coton.

Le blocus des côtes des États confédérés était une opération maritime présentant de sérieuses difficultés. Tenir la mer, en toute saison, sur des côtes s'étendant depuis la baie de la Chesapeak jusqu'à l'embouchure du Rio Grande, constituait, même pour une bonne marine, une tâche très-lourde. Il suffit de jeter un coup d'œil sur la carte pour s'en rendre compte. Malgré l'habileté des officiers et le dévouement des équipages, la marine fédérale ne réussit pas à établir, sur tout le littoral, un blocus efficace. Des navires à vapeur à grande vitesse, expédiés d'Angleterre, parvenaient à tromper l'active surveillance des croiseurs. La disposition des lieux, sur plusieurs points, rendait facile, pour des navires marchant bien et commandés par des capitaines connaissant les passes, l'opération de forcer le blocus. On sait d'ailleurs que, dans aucun temps, il n'y a eu de blocus étroit qui ait fermé complétement un port. Avec la marine à vapeur à grande vitesse, cette tâche est devenue plus difficile. La guerre d'Amérique fournit de nombreux exemples de la possibilité, pour un navire à vapeur, de franchir, en choisissant son moment, des points sévèrement gardés par des navires nombreux, également à vapeur, et marchant bien. L'action de la marine, malgré l'énergique impulsion qui lui était donnée, se trouva insuffisante pour produire cet isolement complet du Sud que le gouvernement fédéral considérait comme une des mesures les plus propres à amener la fin de la guerre. Le gouvernement fédéral, convaincu de l'excellence de son plan, poursuivit, avec l'activité et l'énergie propres au caractère américain, la construction de bâtiments neufs, l'armement de ceux qu'il possédait, et enfin l'appropriation, au service de la flotte, des navires qu'il avait dû acheter au commerce pour suppléer à la pénurie de ses arsenaux. Il expédia sur les côtes, de nouveaux navires, et il se montra fermement résolu à continuer les entreprises sur le littoral, toutes les fois que ses ressources le lui permettraient.

Hatteras, qui était, ainsi que nous l'avons dit plus haut, retombé au pouvoir des fédéraux, servit de base à une nouvelle opération dirigée contre les ports de la Caroline du Nord. La marine était commandée par le capitaine de vaisseau Rowan et les troupes par le général Burnside. L'expédition s'empara successivement de l'île Roanok, défendue par plusieurs forts, de Newbern, un des principaux ports de la Caroline du

Nord, de la ville d'Édenton et du fort Macon. Une flottille confédérée, affectée à la défense des détroits d'Albemarle et de Pamlico, sortes de baies intérieures formées par un banc de sable qui longe les côtes de la Caroline du Nord, fut poursuivie et détruite. Les fédéraux avaient paru devant Hatteras dans les premiers jours de février 1862, et la reddition du fort Macon avait eu lieu à la fin d'avril. Pendant le même temps, d'importantes positions, telles que le fort Saint-Simon, sur les côtes de la Géorgie, le Sund de Cumberland, l'île Amélie, le fort Marion, la ville de Saint-Augustin, étaient enlevées ou détruites par la flottille du commodore Dupont et les troupes qu'elle transportait. Le fort Pulasky, situé dans la baie de Savannah, investi par les troupes du général Sherman, capitula le 10 août 1862.

Il fallait qu'on fût bien convaincu, à Washington, de l'importance de ces expéditions, pour les entreprendre dans un moment où les affaires militaires de la république étaient dans un état aussi précaire. Il y avait une véritable hardiesse à envoyer des soldats opérer sur le littoral du Sud, alors que Mac-Clellan, qui commandait l'armée du Potomac, n'osait rien entreprendre contre le général Beauregard, campé en face de lui à Manassas. Depuis la victoire de Bulls'-Run, remportée, le

21 juillet 1861, par les confédérés, l'armée fédérale était restée sur la défensive. Au commencement de l'année 1862, après que son armée eut été convenablement renforcée et réorganisée, le général Mac-Clellan conçut le projet de se porter rapidement sur la capitale confédérée. Il espérait dérober sa marche à ses adversaires et arriver, avec des forces supérieures, devant Richmond. Il comptait obtenir ce résultat en faisant transporter la plus grande partie de son armée par mer au fort Monroë. Ce point, situé à l'extrémité de la presqu'île d'York, dans l'État de Virginie, était au pouvoir des fédéraux. Il se trouve placé à l'embouchure de deux grands cours d'eau, le James-River, sur lequel est située la ville de Richmond, et le York-River, qui tous deux viennent confondre leurs eaux dans la baie de la Chesapeak. Le général fédéral se proposait de suivre la route qui longe le James-River. Une division de canonnières et de petits bâtiments, marchant parallèlement à lui, eût ravitaillé son armée. Ce mouvement commença immédiatement.

Dans les premiers jours de mars 1862, un certain nombre de bâtiments, servant au transport des troupes, étaient mouillés sur la rade d'Hampton, près du fort Monroë, sous la protection de plusieurs navires de guerre. Nous avons dit que le port de Norfolk, à l'entrée du James-River, était tombé entre les mains des confédérés. Ceux-ci y avaient trouvé, à moitié dévorée par l'incendie que les fédéraux avaient allumé en se retirant, une frégate à hélice rapide, le *Merrimac*. Après avoir réparé cette frégate, ils l'avaient transformée en navire cuirassé, en recouvrant ses flancs de barres de fer superposées et croisées. Le 8 mars 1862, l'amiral confédéré Buchanan appareilla de Norfolk avec cette frégate, et il se dirigea, à toute vitesse, sur la rade de Hampton. L'amiral fit gouverner sur la frégate à voiles *Cumberland*, qu'il aborda par le travers. L'étrave du *Merrimac* pratiqua une telle ouverture dans les flancs de la frégate fédérale, que celle-ci commença aussitôt à s'enfoncer dans l'eau, et peu après elle coula. Après ce premier succès, le bâtiment confédéré attaqua une seconde frégate à voiles, le *Congress*, dont il ne s'éloigna que lorsque celle-ci fut en flammes. Le *Congress* n'ayant pu se rendre maître de l'incendie, sauta pendant la nuit. A la chute du jour, le *Merrimac* reprit son mouillage, laissant intact le *Minnesota*, frégate à hélice, que l'amiral Buchanan comptait détruire facilement le jour suivant. Quelques heures après le départ du *Merrimac*, un monitor mouillait près de la frégate fédérale, à bord de laquelle on discuta, jusqu'au moment où celui-ci fut en vue, s'il ne serait pas prudent, en présence de l'échec dont on était menacé, d'évacuer le *Minnesota* et de l'incendier.

Les brillants débuts du *Merrimac*, tenu désormais en échec par le monitor, n'eurent pas de lendemain; toutefois l'intervention de cette frégate eut pour conséquence, et c'est pourquoi il importe de noter cet effort de la marine confédérée, d'amener le général Mac-Clellan à modifier son plan. Les fédéraux, n'osant plus aventurer leurs bâtiments sur le James-River, renoncèrent à suivre une de ses rives. Leur armée, concentrée à Monroë, marcha sur Richmond par les voies ordinaires, et elle dut livrer de sanglants combats pour enlever les positions préparées à l'avance par les confédérés pour défendre les approches de leur capitale. La défaite des Sudistes, à Williamsburg, permit au général Mac-Clellan de diriger un corps d'armée sur Norfolk, d'où il importait de déloger les confédérés, afin de recouvrer toute liberté d'action sur le James-River. A l'approche des troupes fédérales, le général Huger évacua Norfolk, après avoir fait sauter les bâtiments de l'arsenal et livré aux flammes les navires qui s'y trouvaient. Les canonnières fédérales, délivrées de toute crainte, remontèrent rapidement le James-River, et elles vinrent attaquer le fort Darling, qui défendait les approches de la nouvelle capitale. Elles échouèrent dans cette entreprise.

Le général Mac-Clellan, après sa victoire de Williamsburg, avait continué à marcher sur Richmond. Battu une première fois à Fair-Oaks, puis peu après à James-Hill, il rétrograda en toute hâte, abandonnant ses blessés et une partie de son artillerie. Son armée, vivement poursuivie par l'ennemi, ne fut en sûreté que lorsqu'elle eut atteint, dans les premiers jours de juillet 1862, les rives du James-River et la protection des bâtiments accourus pour le soutenir. Si les fédéraux n'avaient pas été maîtres de la mer, et c'est pourquoi la possession de Norfolk avait une grande importance, l'armée de Mac-Clellan courait le risque d'être détruite.

IV

Expédition des fédéraux dans la vallée du Mississipi. — Les troupes, appuyées par une flottille, descendent les rives du fleuve en marchant du nord au sud. — L'amiral Farragut, après s'être emparé de la Nouvelle-Orléans, remonte le Mississipi. — Jonction des deux flottilles entre Port-Hudson et Wicksburg. — Coopération de la marine à la prise de ces deux places.

La Confédération du Sud comptait des adhérents dans le Missouri et dans le Kentucky, mais le mouvement, dans ces deux États, n'avait pas présenté la même unanimité que dans la Caroline, la Géorgie et la Floride. Le Nord, dès que cela lui avait été possible, y avait envoyé quelques troupes, dans le double but de rassurer ses partisans et de disperser les bandes qui se levaient sur divers points avec l'intention de rejoindre les armées du Sud. Au commencement de l'année 1862, le gouvernement fédéral avait vaincu les résistances partielles qui s'étaient produites, et il pouvait se considérer comme maître de la situation dans ces deux États. Il se décida alors à mettre à exécution un plan mûrement élaboré à Washington, et dont le succès devait avoir une influence décisive sur les événements. Il s'agissait de descendre le Mississipi, du nord au sud, et de s'emparer du cours de ce fleuve. Si on réussissait dans cette entreprise, on coupait, pour ainsi dire, la nouvelle confédération en deux parties qui seraient complétement isolées l'une de l'autre. Des forces considérables furent réunies à Cairo, petite ville située sur le Mississipi, dans l'État de Missouri, sous les ordres du général Grant. Une flottille, composée de canonnières, de bombardes et de bâtiments de transport, sous les ordres du commodore Foot, se tint prête à agir de concert avec l'armée. Les fédéraux se mirent en mouvement dans les premiers jours de février 1862. Quelques points occupés par les confédérés, sur les rives du Mississipi, furent enlevés rapidement, et le commodore arriva, vers le milieu de mars, devant l'île n° 10, position importante, située sur un coude du Mississipi, à quelques milles au-dessus de New-Madrid. Les confédérés, qui savaient de quelle importance était pour eux la possession de la vallée du Mississipi, réunirent, sous le commandement du général Beauregard, toutes les forces dont ils pouvaient disposer, pour s'opposer à la marche de Grant. Ils avaient des canonnières pour appuyer la défense des positions fortifiées échelonnées sur les rives du fleuve. La bataille de Pittsburg, un moment indécise, mais définitivement perdue par les confédérés, obligea ces derniers à rentrer dans les retranchements que le général Beauregard avait fait élever sous les murs de Corinth. Ce mouvement entraîna la retraite de la flottille du Sud, qui vint se placer sous le canon du fort Pillow, situé à quelques milles au nord de Memphis. L'île n° 10, coupée de ses communications, bombardée par le commodore Foot et attaquée par les troupes de terre, capitula au commencement d'avril 1862. Dans les premiers jours de mai, le commodore Foot, poursuivant sa route vers le sud, arriva devant le fort Pillow, qu'il attaqua vigoureusement. Le 16 mai, le fort était évacué par les confédérés. Le 30 mai, le général Beauregard, qui n'avait pas reçu de renforts suffisants pour lutter contre les soldats de Grant, dont le nombre augmentait chaque jour, abandonna Corinth. Une partie de ses troupes se dirigea sur Wicksburg, et le reste alla renforcer le corps qui défendait Richmond, vivement pressé par Mac-Clellan. Le 6 juin, le commodore Davis attaqua et détruisit la flottille confédérée, qui s'était réfugiée à Memphis, après la chute du fort Pillow. Corinth et Memphis furent occupées par des détachements de l'armée de Grant. Les canonnières fédérales poursuivirent leur succès et continuèrent à descendre le cours du Mississipi. Arrivées en vue de Wicksburg, elles s'arrêtèrent, cette forteresse constituant un obstacle dont le commodore ne pouvait avoir raison avec ses bâtiments.

Pendant que ces faits se passaient sur le haut Mississipi, la partie inférieure du fleuve était le théâtre d'événements militaires dans lesquels la marine du Nord, agissant de concert avec l'armée, joua un rôle qui mérite d'être rapporté. Le gouvernement fédéral, pénétré de l'importance stratégique de ce grand cours d'eau, était décidé à faire les plus grands efforts pour s'en emparer. Aussi, en même temps qu'il donnait au général Grant et au commodore Foot les moyens nécessaires pour agir vigoureusement sur le haut Mississipi, il poussait activement les préparatifs d'une expédition maritime et militaire destinée, sous le commandement de l'amiral Farragut et du général Butler, à opérer sur ce fleuve, en allant du Sud vers le Nord. La flotte et les troupes se présentèrent à l'embouchure du Mississipi dans les premiers jours d'avril 1862. L'amiral Farragut conçut l'audacieux projet de se rendre maître de la Nouvelle-Orléans avec sa flotte. Il savait que, pleins de confiance dans les défenses accumulées au bas du fleuve, les confédérés n'avaient pas laissé de troupes dans la ville. Les obstacles à vaincre pour forcer l'entrée du Mississipi étaient de nature à inspirer de la confiance aux généraux du Sud. Les forts casematés Saint-Philippe et Jackson, élevés sur les bancs du Mississipi et armés de pièces de gros calibre, défendaient les approches de la ville. Une très-forte estacade, placée sous leurs canons, barrait le fleuve. En arrière de cette estacade, une flottille de canonnières cuirassées, à laquelle on avait adjoint des brûlots et des machines incendiaires, se tenait prête à se jeter sur les assaillants.

La flotte, commandée par l'amiral Farragut, se composait de vingt bombardes armées chacune d'un mortier lançant des bombes de 240 livres, de vingt-cinq corvettes, avisos et canonnières, enfin d'un certain nombre de transports portant un corps de débarquement, lequel devait prêter son appui à toute attaque faite par la marine, ou occuper les points réduits par les canons des bâtiments. Le 18 avril 1862, l'amiral Farragut, ayant pénétré dans le Mississipi, fit bombarder les forts Saint-Philippe et Jackson par la flottille du commodore Porter. L'engagement entre les forts et la flotte fédérale, quoique mené très-vigoureusement de part et d'autre, dura plusieurs jours sans amener de résultat; les forts souffrirent très-peu. L'amiral Farragut prit alors l'énergique résolution de forcer le passage. Le 23 avril, à deux heures du matin, il met en mouvement ses corvettes et ses canonnières, rangées sur deux colonnes, et il les dirige, à toute vapeur, contre le barrage. L'estacade ne résiste pas au choc, les chaînes sont rompues, les pontons qui les soutiennent sont coulés ou emportés par le courant. Le feu des forts est aussi impuissant que l'estacade à arrêter le mouvement de l'escadre fédérale. Celle-ci, parvenue en amont des forts et hors de leurs feux, rencontre la flottille sudiste, avec laquelle elle engage un combat acharné. La lutte se termine par la destruction de dix bâtiments confédérés qui sont coulés ou brûlés. N'ayant plus d'obstacles devant elle, la flotte fédérale se porte rapidement devant la Nouvelle-Orléans, qu'elle menace d'un bombardement. Cette grande ville, dégarnie de troupes, comme nous l'avons déjà dit, fut forcée de capituler. La reddition des forts Saint-Philippe et Jackson, entre les mains du commodore Porter, eut lieu quelques jours après la remise de la ville aux fédéraux. L'importance du rôle que joue cette glorieuse expédition parmi les événements militaires qui amenèrent la défaite du Sud, ne peut échapper à personne. Aussitôt après l'occupation de la Nouvelle-Orléans par les troupes du général Butler, la flottille fédérale reprit sa marche vers le Nord. Elle arriva facilement jusqu'à Port-Hudson, point situé en aval de Wicksburg, sur la rive gauche du Mississipi. Port-Hudson était occupé par une nombreuse garnison, et les confédérés y avaient accumulé une nombreuse artillerie et exécuté des travaux de défense considérables. L'amiral Farragut fut contraint de s'arrêter. Alors même qu'il eût réussi à faire taire les batteries ennemies, celles-ci eussent été réédifiées le lendemain, puisqu'il était interdit à l'amiral, qui n'avait pas de troupes de débarquement, d'occuper la place.

Nous avons dit que la flottille fédérale, venant du Nord, n'avait pas pu dépasser Wicksburg. Le cours du Mississipi, à l'exception de la partie comprise entre Port-Hudson et Wicksburg, était au pouvoir des fédéraux. Ces résultats étaient considérables; néanmoins aussi longtemps que ces deux points resteraient entre les mains des séparatistes, les communications de la nouvelle confédération avec l'Ouest ne se trouvaient pas coupées. Il était donc nécessaire, pour compléter les succès déjà obtenus, de s'emparer de Port-Hudson et de Wicksburg. Les séparatistes, impuissants à reconquérir les positions perdues, tentèrent de troubler les opérations de leurs adversaires, mais ils ne parvinrent qu'à retarder de quelques mois la chute de ces deux places. Au commencement de l'année 1863, l'armée fédérale était maîtresse de la campagne. Le général Grant, qui vint à cette époque se mettre à sa tête, prit immédiatement les dispositions nécessaires pour activer la conquête du Mississipi. Ce dont il s'occupa tout d'abord, ce fut d'isoler Wicksburg, de telle sorte qu'aucun secours en hommes, vivres ou munitions, ne pût entrer dans la ville. Ce résultat ne pouvait être atteint qu'à la condition de faire arriver la flotte et une partie de l'armée en aval de Wicksburg. On se rappelle que la division navale de Porter était restée en amont de Wicksburg, tandis que la division Farragut se trouvait encore en aval de Port-Hudson. On essaya de creuser des canaux qui permissent aux canonnières de sortir du Mississipi et d'y rentrer, en passant hors de la portée des batteries confédérées. Les travaux entrepris pour l'exécution de ce projet n'aboutirent pas. L'amiral Porter prit alors la résolution de tenter le passage de vive force. Deux de ses bâtiments, expédiés successivement, les 2 et 13 février 1863, le premier en plein jour, le second dans la nuit, passèrent, mais ils furent capturés quelques jours après par la flottille confédérée.

L'amiral Farragut se trouvait, ainsi que nous l'avons dit, un peu au-dessous de Port-Hudson. Il attendait que des troupes vinssent le rejoindre, afin d'attaquer d'une manière utile la position qu'il avait devant lui. Instruit des projets de Grant et de l'intention de Porter de conduire son escadre là où elle pouvait être utile, il résolut, lui aussi, de forcer le passage de Port-Hudson avec sa propre escadre, afin de se joindre à son collègue et d'apporter le concours de ses bâtiments aux opérations que la marine allait entreprendre pour hâter la reddition de Wicksburg. Le 14 mars 1863, il franchit le passage sous le feu des batteries confédérées, et il vint jeter l'ancre en amont de Port-Hudson. Aussitôt que cette nouvelle parvint à l'amiral Porter, celui-ci se mit en mouvement, et, passant de nuit sous le feu des confédérés, il vint rejoindre Farragut au mouillage de Tuscumbia. La marine se trouvait donc maîtresse du cours du Mississipi, entre Wicksburg et Port-Hudson, et cette situation rendait désormais impossible le ravitaillement, par eau, de ces deux places.

La première partie du plan était exécutée, mais il restait à transporter sur la rive gauche du Mississipi un des corps d'armée de Grant qui se trouvait sur la rive droite. Le passage ne pouvait être effectué qu'à la condition de faire taire de nombreuses batteries placées sur la rive gauche du Mississipi dans le sud de Wicksburg. Cette position, connue sous le nom de Grand-Gulf, fut attaquée à fond, le 29 avril, par la flottille fédérale. L'avantage resta à cette dernière. Le Grand-Gulf fut évacué, après six heures d'un violent combat, et le transport de l'armée put être effectué sans difficulté. Ces opérations préliminaires une fois accomplies, le général Grant procéda à l'investissement complet de la place. Les travaux de siége, auxquels la flottille prit une part honorable, commencèrent le 21 mai, et, le 4 juillet, Wicksburg capitula. Quelques jours après ce fut le tour de Port-Hudson ; cette place, en apprenant la chute de Wicksburg, se rendit au général Banks.

V

Le blocus des ports du Sud n'est pas complétement efficace. — Continuation des expéditions sur le littoral. — L'amiral Farragut s'empare des forts qui défendent l'entrée de la baie de Mobile. — L'amiral Porter bombarde le fort Fisher, qui défend les approches de Wilmington. — Mobile, Savannah, Charlestown, Wilmington, sont tour à tour occupés par les troupes fédérales. — Fin de la guerre de la Sécession.

Si l'on jette un coup d'œil sur une carte d'Amérique, et si on se rappelle les résultats des expéditions maritimes et militaires entreprises depuis le commencement de cette guerre, on voit qu'une partie du littoral était déjà retombée entre les mains des fédéraux. Toutefois, dans le golfe du Mexique et dans l'Océan, des ports, en communication très-active avec le dehors, restaient au pouvoir des confédérés. C'étaient, à la fin de l'année 1863, et en n'indiquant que les points les plus importants, Galveston, Mobile, Charlestown, Savannah, Wilmington, par lesquels le Sud expédiait du coton et recevait des armes de l'étranger. Quels que fussent les efforts faits par la marine du Nord pour maintenir une surveillance sévère sur les côtes, le blocus n'était pas efficace. L'énergie déployée par les séparatistes avait empêché Grant de rien tenter de sérieux contre Richmond, et quoiqu'ils eussent été battus en plusieurs rencontres, et qu'ils fussent déjà très-affaiblis, les confédérés n'en poursuivaient pas moins la lutte.

Le gouvernement fédéral, fidèle au plan qu'il avait suivi jusque-là et dont l'exécution avait amené d'aussi utiles résultats, résolut de continuer les opérations sur le littoral. L'issue de la campagne du Mississipi avait laissé disponibles les bâtiments qui avaient contribué à la reddition de Wicksburg et de Port-Hudson. L'amiral Farragut, qui avait le commandement des forces navales stationnées dans le golfe du Mexique, reçut l'ordre d'attaquer Mobile aussitôt qu'il aurait réuni sous son pavillon les forces nécessaires pour cette expédition. Le 4 août 1864, l'escadre fédérale pénétra dans la baie de Mobile, en forçant le passage principal sous les feux des forts Morgan et Gaines. Une fois dans la baie et hors de portée des batteries ennemies, l'amiral Farragut se précipita sur la flottille confédérée. Après un combat acharné, et malgré la vigoureuse résistance du bélier le *Tennessee*, monté par l'amiral Buchanan, les bâtiments qui la composaient furent coulés ou pris. Aussitôt l'action avec la flottille terminée, l'amiral se retourna contre les forts qui commandaient l'entrée de la baie. Il les fit attaquer par ses bâtiments et par les troupes de débarquement attachées à l'expédition. L'un d'eux, le fort Powell, fut évacué par l'ennemi, et le fort Gaines se rendit. Le fort Morgan, dont la résistance dura plus longtemps, capitula le 24 août, après avoir été canonné par la flotte et par les batteries élevées à terre par les troupes fédérales. L'amiral Farragut dut se contenter de ce succès. Les confédérés avaient accumulé les défenses sous-marines, barrages et torpilles, dans la partie nord de la baie de Mobile. Si l'amiral eût voulu se rapprocher de la ville avec ses bâtiments, il eût fallu qu'il enlevât ces défenses sous le feu de l'ennemi. Quoiqu'il disposât de moyens maritimes importants, il regarda cette tâche comme impossible. S'il ne pouvait songer à se rendre maître de Mobile, il avait du moins atteint le but principal qu'il poursuivait et qui consistait à isoler cette ville du côté de la mer. De plus, la présence de l'escadre et des troupes établies dans les forts constituait une menace contre Mobile qui obligeait les confédérés à y maintenir une nombreuse garnison.

Le port de Savannah était bloqué par l'amiral Dalghreen, qui ne pouvait rien entreprendre contre la ville parfaitement occupée par les confédérés. Dans le courant de décembre, le général Sherman, après avoir audacieusement traversé toute la Géorgie, sans se préoccuper des mouvements des séparatistes sur ses derrières, se présenta devant Savannah. Le 21 décembre 1864, il entra dans la ville sans coup férir. Le général confédéré, en présence des forces supérieures de Sherman, avait évacué Savannah, de nuit avant que celle-ci fût complétement investie.

Dans le courant du même mois, le gouvernement fédéral fit partir de la forteresse Monroë une expédition militaire et maritime destinée à agir contre Wilmington, un des grands ports du Sud, encore au pouvoir des confédérés. Pour arriver à Wilmington, en venant de la mer, on remonte une rivière dont l'embouchure est défendue par les forts Caswell et Fisher, placés le premier à gauche et le second à droite de l'entrée. Il fut décidé que le premier effort se porterait sur le fort Fisher. Les troupes, débarquées sous la protection des bâtiments, marchèrent à l'assaut de la position, mais elles furent repoussées avec des pertes sérieuses. Le général Butler, désespérant d'enlever le fort avec les moyens dont il disposait, demanda que ses troupes fussent rembarquées et ramenées à Monroë, où leur arrivée causa une très-désagréable surprise et un mécontentement très-vif.

Malgré la vigilance des croiseurs, le port de Wilmington avait avec le dehors des communications très-fréquentes, que le gouvernement fédéral tenait d'autant plus à faire cesser que l'armée confédérée, contre laquelle Grant luttait en Virginie, recevait par là des armes et des munitions. Les préparatifs d'une seconde expédition furent poussés avec beaucoup d'énergie, et les bâtiments qui la composaient quittèrent Monroë en janvier 1865. Aussitôt que les troupes eurent été mises à terre, à l'entrée de la rivière du cap Fear, l'amiral Porter engagea avec le fort Fisher une lutte d'artillerie qui se termina à l'avantage de son escadre. Lorsque le feu cessa, les troupes donnèrent l'assaut et enlevèrent le fort. Les fédéraux s'installèrent solidement dans la position conquise et attendirent des renforts avant de pousser plus avant. Lorsque le corps du général Shofield arriva, par mer, d'Annapolis, les fédéraux marchèrent sur Wilmington, qu'ils occupèrent le 21 février 1865.

Les attaques dirigées par la marine contre Charlestown étaient restées sans résultat. Dans le courant d'avril 1863, l'amiral Dalghreen avait pénétré dans la baie de Charlestown, à la tête d'une flottille cuirassée, avec laquelle il se proposait de combattre les forts et batteries qui défendaient les approches de la ville. Lorsque son escadre arriva à portée de canon des positions qu'elle devait attaquer, les bâtiments qui marchaient en tête se trouvèrent inopinément en présence d'un barrage qu'ils ne s'attendaient probablement pas à rencontrer. Il en résulta un peu de confusion, augmentée par l'explosion d'une torpille qui éclata près d'un des navires. L'ennemi, saisissant avec habileté ce moment favorable, ouvrit sur l'escadre fédérale un feu des plus vifs. Après un combat qui ne dura pas une heure, l'amiral s'éloigna du champ de bataille. Un de ses bâtiments coula et presque tous les autres reçurent des avaries graves. A la fin de la même année, les fédéraux renouvelèrent cette tentative sans parvenir à éteindre les feux des forts qui constituaient, avec les estacades et les barrages, la défense des passes de Charlestown. Au commencement de l'année 1865, la garnison de cette ville, menacée, par le mouvement de Sherman, d'être coupée de ses communications et enlevée, évacua la ville, dans laquelle entrèrent immédiatement les marins de l'escadre de l'amiral Dalghreen, qui bloquait le port et les troupes établies sur l'île James.

On a vu plus haut que l'amiral Farragut, après s'être emparé des forts Gaines et Morgan qui défendaient l'entrée de Mobile, avait été obligé de s'arrêter, les moyens dont il disposait ne lui permettant pas de pousser plus loin ses avantages. Depuis cette époque, des renforts avaient été envoyés au corps de débarquement. Dans les derniers jours de mars 1865, la division navale et les troupes étaient en mesure d'agir. Après avoir enlevé les positions avancées qui défendaient les approches de Mobile, les fédéraux entrèrent dans la ville, le 8 avril.

Ce furent les dernières affaires de quelque importance auxquelles la marine prit part. La guerre touchait à sa fin. Dans la nuit du 2 au 3 avril 1865, les confédérés, sur le point d'être enveloppés, évacuèrent Richmond, que les fédéraux occupèrent immédiatement. Toutes les forces du Nord, sous le commandement en chef de Grant, s'ébranlèrent à la poursuite des débris des armées du Sud. L'heure suprême de la défaite, que les grands talents militaires de Lee avaient retardée, approchait. Le 9 avril, ce général, complétement entouré, fut contraint de capituler. Quelques résistances partielles se produisirent encore, mais, à la nouvelle des événements qui s'étaient passés dans la Virginie, les troupes confédérées qui tenaient encore la campagne mirent bas les armes. Au milieu de l'année 1865, l'autorité du gouvernement de Washington existait, de fait, sur tout le territoire du Sud.

VI

Caractère des opérations exécutées par la marine fédérale. — Limites où s'arrête l'action de la flotte.

Dans ce rapide exposé des principales opérations faites par la marine, nous avons laissé de côté la question du matériel. Cette étude n'offrirait, à la distance où nous sommes placés de ces événements et eu égard aux modifications introduites depuis cette guerre dans le matériel de toutes les nations, qu'un intérêt secondaire. Nous en dirons fort peu de mots. La guerre de la Sécession n'a pas eu lieu entre deux puissances ayant un matériel préparé à l'avance, connu et discuté depuis longtemps. On s'est battu, de part et d'autre, avec le matériel trouvé dans les arsenaux au moment où le mouvement éclata, ou à l'aide de ressources créées hâtivement à partir du jour où commencèrent les hostilités. La plupart des positions que les confédérés eurent à défendre contre les forces navales du Nord dataient d'une époque déjà reculée et avaient été construites en vue de l'ancienne artillerie. Les forts Sumter, Morgan, Saint-Philippe et Jackson étaient en maçonnerie ou en brique, et par conséquent hors d'état d'opposer une résistance sérieuse aux nouveaux canons. Quant aux forts ou batteries que les Sudistes eurent le temps de fortifier dans des conditions plus appropriées à l'attaque, les fédéraux éprouvèrent, pour s'en emparer, de bien autres difficultés. Au moment où se produisit le mouvement séparatiste, on se préoccupait, dans toutes les marines, de la nécessité d'augmenter le calibre de l'artillerie, et déjà quelques gros canons avaient fait leur apparition sur les bâtiments. Ce mouvement prit un rapide essor dans les arsenaux des deux partis. De part et d'autre, on se piqua d'émulation, et des fonderies du Nord et du Sud sortirent des canons d'un calibre supérieur à ceux qui avaient été employés jusque-là dans la marine des États-Unis et dans les marines étrangères.

En 1861, les Américains ne possédaient pas de navires blindés, mais, aussitôt l'action engagée et l'utilité de ce genre de navires reconnue, ils se mirent à l'œuvre, et on vit apparaître des navires cuirassés propres aux besoins de cette guerre. C'est aux confédérés que revient l'honneur d'avoir montré sur le champ de bataille le premier navire protégé par une armure de fer. Ce fut le *Merrimac*, frégate à hélice, en bois, que les fédéraux avaient laissée en feu lorsqu'ils quittèrent l'arsenal de Norfolk. Sauvée de l'incendie par les confédérés, cette frégate fut réparée, recouverte d'une cuirasse et armée de gros canons. La transformation, en une puissante machine de guerre, d'une coque à moitié brûlée, accomplie avec les faibles moyens dont disposait le Sud, montre l'énergie et l'habileté dont les confédérés firent preuve dans les questions maritimes. Les Américains imaginèrent promptement et construisirent de même des bâtiments remplissant les conditions principales pour atteindre le but qu'ils se proposaient. Au milieu de la crise que subissaient les États-Unis, les marins et les ingénieurs ne pouvaient consacrer un temps très-long en recherches pour améliorer les types proposés. Tous sentaient la nécessité d'agir et surtout d'agir vite. Les monitors furent employés avec succès pour la guerre des côtes et les expéditions fluviales. Au reste, ce genre de bâtiment, dont nous n'entendons pas en ce moment discuter la valeur relative, n'appartient à la question soulevée ici qu'en sa qualité de navire à vapeur cuirassé, armé de pièces d'un calibre supérieur à tout ce qui avait paru jusque-là sur le pont ou dans les batteries d'un bâtiment.

Si la discussion sur le matériel employé à cette époque ne présente aucun intérêt, il n'en est pas de même des opérations qui ont été exécutées par la marine. C'est là, au contraire, que se trouve le côté véritablement utile de la question. Les marins américains ont agi avec des escadres composées de navires de toute espèce. Ils acceptaient tous ceux qui paraissaient propres à rendre des services, sans se préoccuper de savoir s'il eût été possible de faire mieux. Toutefois, quoique ce matériel ait été fort mêlé, on doit reconnaître qu'il se rapprochait beaucoup de celui dont se serviraient aujourd'hui les puissances maritimes dans des circonstances semblables. Les types seraient différents, l'artillerie des navires plus puissante, la cuirasse plus épaisse, en raison de la force plus grande de destruction et de pénétration des canons qui arment maintenant les forts de mer. Mais, aujourd'hui comme alors, pour faire la guerre de côtes, il faut des avisos, des canonnières, des bombardes, des bâtiments cuirassés, quel que soit leur nom, à petit tirant d'eau et armés de pièces de gros calibre. Aussi ce qu'il importait, c'était de mettre en relief le caractère des opérations de la marine fédérale et d'indiquer son influence sur les événements, dans un pays où elle est connue et où elle a eu toute chance d'être bien dirigée. Les confédérés eurent, eux aussi, un sentiment très-juste du parti qu'on pouvait tirer de la marine, et ils se servirent utilement de celle qu'ils réussirent à créer, mais ils manquaient des ressources nécessaires pour lutter sur mer contre le Nord. Dans un pays qui n'était pas industriel, ils furent contraints d'improviser des chantiers de construction, des arsenaux, des fabriques d'armes et des usines. Ils eurent un jour pour faire ce à quoi on n'arrive qu'avec les années. L'amiral Buchanan, qui commandait le *Merrimac* à l'affaire de Hampton-Road, et le bélier le *Tennessee* au combat de Mobile, ainsi que plusieurs autres officiers confédérés, étaient dignes de se mesurer avec leurs anciens camarades de la marine des États-Unis, mais ils ne pouvaient le faire à armes égales.

Dans cette guerre malheureuse entre les deux parties d'un même peuple divisé, les deux adversaires déployèrent sur le champ de bataille un égal courage, et dans la conduite de la guerre une égale intelligence. Le Sud fut vaincu lorsqu'il fut réduit à ses propres ressources en face d'un adversaire disposant de moyens immenses. Le

Nord, au début, possédait un matériel qui eût été de peu de valeur s'il s'était agi d'une lutte contre une nation maritime, mais puissant vis-à-vis du Sud. Ce n'était pas, d'ailleurs, ce matériel qui constituait la véritable force maritime du Nord. Celui-ci possédait, sur son territoire, les principaux arsenaux, les chantiers de construction, et surtout de grandes usines appartenant à l'industrie privée. Telle était la base solide sur laquelle reposait sa supériorité.

Dès le début de la guerre, ceux qui, à Washington, étaient chargés de la conduite des opérations militaires, comprirent le rôle extrêmement utile qu'était appelée à jouer la marine fédérale. Ce que le gouvernement lui demanda tout d'abord, fut de bloquer les États confédérés afin de les isoler de l'Europe. Le gouvernement ne tarda pas à comprendre que c'était une tâche très-lourde, à laquelle la marine suffirait difficilement, et il se décida à agir sur les côtes, non-seulement avec des bâtiments, mais aussi avec des troupes de débarquement. Le gouvernement fédéral, sans se laisser arrêter par la situation militaire qui ne lui était pas toujours favorable, n'hésita pas à enlever des soldats aux armées pour les adjoindre aux escadres, et il entreprit ces expéditions militaires et maritimes que nous avons indiquées et qui lui livrèrent peu à peu le littoral des États révoltés.

Les ports les plus importants n'eussent pas été pris par la marine seule. La Nouvelle-Orléans capitula devant l'escadre de l'amiral Farragut, mais il ne faut pas oublier que les généraux confédérés, se faisant illusion sur la valeur des défenses placées au bas du fleuve, n'avaient pas laissé de troupes dans la ville. On se rappelle que l'amiral, fatigué du long combat d'artillerie engagé entre la flottille de bombardes de l'amiral Porter et les forts Saint-Philippe et Jackson, força le passage et vint battre la flottille confédérée. Celle-ci détruite, il se porta, sans rencontrer d'obstacles, jusque devant la Nouvelle-Orléans. D'autre part, le gouvernement fédéral n'avait pas expédié cette flotte à la conquête de l'embouchure du Mississipi et de la Nouvelle-Orléans, sans mettre à la disposition de l'amiral les moyens d'action nécessaires. Un corps de débarquement, embarqué sur des transports, accompagnait la flotte de guerre. Ces troupes, placées sous les ordres du général Butler, furent mises à terre, et elles occupèrent la ville. L'amiral Farragut renouvela, à Mobile, le 4 août 1864, la manœuvre qui lui avait valu un aussi brillant succès à la Nouvelle-Orléans. Il franchit la passe principale sous le feu des forts, et il se précipita sur la flottille confédérée placée en réserve. Après l'avoir battue il revint en arrière, et attaqua les forts Gaines, Morgan et Powell, qui défendaient la partie sud de l'entrée de la baie. Il les enleva avec l'artillerie de sa flotte et le concours des troupes de débarquement attachées à l'expédition. Mais, ainsi que nous l'avons dit, l'amiral crut devoir s'arrêter. Il ne regarda pas comme possible d'arriver jusqu'à la ville avant de s'être rendu maître des forts et des positions qui eussent couvert de leurs feux les navires chargés de détruire les défenses sous-marines accumulées dans la partie nord de la baie. Ce fut seulement au commencement de 1865 qu'il fut possible, avec l'aide des troupes expédiées par le gouvernement fédéral, de marcher sur Mobile et de l'occuper.

On se rappelle aussi que Savannah ne tomba aux mains des fédéraux que lorsque les troupes du général Sherman parurent devant la ville, et donnèrent la main à la flotte qui bloquait étroitement le port. Il en fut de même pour Wilmington. La possession du fort Fisher, qui en défendait les approches, était la condition indispensable d'une expédition contre la ville. Ce fort fut attaqué par l'escadre de l'amiral Porter et occupé par les troupes fédérales lorsqu'il eut été réduit. Aussitôt que celles-ci eurent reçu des renforts suffisants, elles marchèrent contre la ville, qu'elles occupèrent peu après. Au moment où les troupes du Sud mirent bas les armes, Galveston était encore au pouvoir des sécessionistes.

Des faits de même nature se produisirent pendant la campagne du Mississipi, une des plus importantes de la guerre de la Sécession, et à laquelle la marine apporta le concours le plus utile. Lorsque l'occupation de la Nouvelle-Orléans fut assurée, l'amiral Farragut remonta le Mississipi, marchant à la rencontre de l'escadrille venant du Nord, qui, depuis le commencement de cette expédition, appuyait les opérations des troupes fédérales. Arrivé au-dessous de Port-Hudson, l'amiral Farragut s'arrêta. Ce n'est pas, ainsi que nous l'avons déjà dit, que l'amiral regardât comme impossible de remonter plus haut. Il se considérait comme suffisamment fort pour tenter le passage sous le feu des batteries confédérées, mais il jugeait inutile une entreprise qui se fût réduite à un échange de coups de canon sans résultat possible, puisqu'il n'avait pas de troupes pour occuper les positions que l'ennemi eût abandonnées s'il eût été battu dans ce duel d'artillerie. Pour les mêmes causes, l'amiral Porter s'était arrêté en aval de Wicksburg. Pourquoi eût-il tenté le passage de vive force, puisque le seul avantage qu'il pût obtenir consistait à tuer quelques canonniers, tandis qu'il courait le risque de perdre des bâtiments ?

Wicksburg fut pris par l'armée de Grant, mais ce fut avec l'aide de la marine que ce général fit passer une partie de ses troupes de la rive droite sur la rive gauche du Mississipi, et arriva ainsi à l'investissement complet de la place.

Le Nord fit de sa marine un emploi extrêmement utile à ses intérêts. Des troupes nombreuses se trouvèrent immobilisées sur le territoire confédéré, et de grands résultats furent obtenus dans ces expéditions, où l'armée et la marine se prêtèrent un mutuel appui.

VII

Événements qui amenèrent la guerre entre le Paraguay, d'une part, et, d'autre part, le Brésil, la république Argentine et la république de l'Uruguay. — Destruction de la flottille paraguayenne par la marine brésilienne. — Passage des troupes alliées sur le territoire paraguayen. — Combats des cuirassés brésiliens contre les positions d'Itopiru, de Curuzu, de Curupayte, d'Humaita, etc. — Fin de la guerre. — Rôle de la marine brésilienne. — Limite de son action et caractère des services qu'elle a rendus.

Dans le courant de l'année 1864, une de ces révolutions qui viennent agiter périodiquement les républiques de l'Amérique du Sud éclata dans l'Uruguay. Le parti *colorado*, qui n'était pas au pouvoir, voulait renverser le parti *blanco*, coupable de l'occuper. Le général Florès, qui avait pris la direction du soulèvement, n'avait d'autre but que de se placer, lui et ses partisans, à la tête du gouvernement, jusqu'à ce que ses adversaires, pour les mêmes causes et par les mêmes moyens, les eussent renversés à leur tour. Telles sont les évolutions ordinaires des partis dans l'Amérique du Sud, et c'est à ces pratiques que paraissent voués des pays dont la prospérité n'aurait pas de limites s'ils étaient bien gouvernés. L'affaiblissement des républiques de la Plata est une cause de sécurité pour l'empire du Brésil. Le cabinet de Rio, qui avait à ce moment quelques difficultés pendantes avec la république de l'Uruguay, trouva probablement la circonstance favorable, et déclara la guerre à cette puissance. Florès accepta l'alliance des Brésiliens, et, soutenu par eux, il marcha sur Montevideo, d'où le gouvernement s'enfuit à son approche.

Le maréchal Lopez, président du Paraguay, jaloux de jouer un rôle et probablement aussi désireux de donner satisfaction à ses goûts militaires, crut le moment venu de répudier la politique de son père. Ce dernier, dont les efforts avaient toujours eu pour but d'empêcher l'ingérence des étrangers dans ses propres affaires, n'avait que trop réussi à être le maître chez lui, mais comme corollaire de cette politique d'isolement, il s'était toujours soigneusement abstenu de se mêler de ce qui se passait chez les autres. Son fils n'avait pas imité cette sage réserve, et au moment où la situation politique s'était obscurcie dans la Plata, il avait fait connaître au chargé d'affaires du Brésil, à l'Assomption, qu'il considérerait l'occupation d'un point quelconque du territoire de l'Uruguay par les troupes brésiliennes comme équivalant à une déclaration de guerre. En apprenant les événements qui venaient de s'accomplir, Lopez envoya ses passe-ports au diplomate brésilien, et, mettant en mouvement les troupes qu'il tenait prêtes depuis plusieurs mois, il envahit la province brésilienne de Matto-Grosso. Il ne s'en tint pas là. Se berçant de l'illusion que la présence de ses troupes suffirait pour amener dans le gouvernement de la Confédération argentine un changement favorable à sa politique, il fit franchir le Parana à son armée, et, sans déclaration de guerre préalable, il marcha sur la ville de Corrientes, qu'il occupa. Ses prévisions ne se réalisèrent pas. Aucun soulèvement ne se produisit, et le seul résultat de cette conduite irréfléchie fut que le Paraguay compta deux adversaires au lieu d'un. D'autre part, le nouveau gouvernement de l'Uruguay, qui devait son existence au Brésil, n'avait, vis-à-vis de cette puissance, qu'une indépendance nominale, et il ne put échapper à la nécessité de suivre sa politique. En 1865, un traité, signé à Buenos-Ayres, réunit contre le Paraguay, qui comptait un million d'âmes, le Brésil, la Confédération argentine et la république de l'Uruguay.

En attendant que les alliés eussent réuni les troupes nécessaires pour marcher contre les Paraguayens, une division navale brésilienne fut expédiée dans le haut Parana. Le 10 juin 1865, cette division fut attaquée par la flottille paraguyaenne. Après un combat sanglant, la victoire, chèrement achetée, resta aux Brésiliens. La marine paraguayenne, à peu près complétement détruite, disparut de la scène. Peu après, les alliés, qui étaient entrés en campagne, remportèrent, dans l'Entre-Rios, plusieurs avantages, à la suite desquels les Paraguayens furent contraints de repasser sur leur propre territoire. Ils se concentrèrent auprès de la forteresse d'Humaïta, située sur la rive gauche du Paraguay et un peu au-dessus du confluent de ce fleuve et du Parana. Plusieurs ouvrages puissamment armés, ayant vue sur ce fleuve et sur la campagne, en défendaient les abords.

Au commencement de l'année 1866, les armées alliées, réunies à Corrientes, avaient des forces suffisantes pour poursuivre les Paraguayens. Ceux-ci, ainsi que nous l'avons dit, s'étaient retirés sur leur territoire, et on ne pouvait les atteindre qu'en effectuant le passage du Parana en leur présence.

La marine, après avoir détruit la flottille de Lopez, n'avait eu d'autre rôle à jouer que de faciliter le ravitaillement de l'armée, question importante, d'ailleurs, principalement pour les Brésiliens qui agissaient très-loin de leur pays. L'escadre, aux ordres du vice-amiral Tamandaré, composée de navires cuirassés et d'avisos à vapeur, allait avoir une part active à prendre au passage des troupes sur la rive paraguayenne. Le fort d'Itapiru, placé sur la rive droite du Parana, près du confluent des deux fleuves, était le premier obstacle opposé aux projets des alliés. Le Parana, en amont d'Itapiru, n'était guère connu que des Paraguayens; aussi l'amiral fut-il obligé, avant de déterminer le point le plus favorable pour débarquer les troupes, de faire reconnaître les localités et de procéder à des opérations de sondage. Les bâtiments chargés de ce service passaient, soit en montant le fleuve, soit en revenant à leur mouillage, sous le feu de cette forteresse qui commandait cette partie du fleuve. Les alliés furent promptement convaincus qu'il fallait réduire Itapiru avant de songer à mettre le pied sur le territoire paraguayen. Après quelques attaques vigoureuses auxquelles prirent part les cuirassés brésiliens et un corps de troupes qui fut mis à terre à l'embouchure du Paraguay, sans que Lopez en eût connaissance, cette forteresse fut abandonnée par ses défenseurs.

Le 26 avril, les alliés, au nombre de quarante-cinq mille hommes, franchirent le fleuve et vinrent se placer en face des lignes paraguayennes, adossées elles-mêmes à la forteresse d'Humaïta et aux ouvrages élevés pour en défendre les abords. Ces ouvrages étaient construits de manière à battre le cours du fleuve et du côté de la terre. En conséquence, il fut décidé, dans le camp des alliés, que les positions de l'ennemi seraient attaquées à la fois par les troupes et par la marine. En exécution de ce plan, l'escadre brésilienne pénétra, le 1ᵉʳ septembre, dans le Paraguay. Avant d'arriver à la batterie de Curupayti [1], que la flotte et l'armée se proposaient de combattre ce jour-là, les bâtiments furent salués par les boulets d'une batterie établie à Curuzu, et dissimulée par un bouquet de bois. La batterie de Curuzu, vivement canonnée par les bâtiments et attaquée par un corps de troupes de débarquement, fut évacuée après quelques heures de combat.

Le 22 septembre, l'escadre brésilienne se mit de nouveau en mouvement pour opérer, de concert avec l'armée, contre la batterie de Curupayti. Cette double attaque échoua complétement. La marine combattit, depuis sept heures du

---

[1] Curupayti, position fortifiée placée sur la rive gauche du Paraguay, en dessous d'Humaïta.

matin jusqu'à quatre heures du soir, sans infliger à cette position aucun dommage appréciable. Quant aux troupes brésiliennes, après des tentatives d'escalade renouvelées plusieurs fois avec la plus grande énergie, elles durent se retirer ayant plusieurs milliers d'hommes hors de combat. Après cet échec, les alliés rentrèrent dans leurs retranchements, et les deux armées restèrent en présence sans qu'aucune d'elles osât rien entreprendre.

Au mois d'août 1867, les alliés, convenablement renforcés, résolurent de reprendre l'offensive. Le marquis de Caxias, appelé à cette époque au commandement en chef de l'armée, se souvenant des pertes considérables éprouvées lors de l'attaque infructueuse de Curupayti, le 22 septembre 1866, et redoutant un nouvel insuccès qui eût exercé la plus fâcheuse influence sur le moral de ses troupes, modifia le plan de campagne suivi par son prédécesseur. Il se décida à tourner les positions qu'il ne se considérait pas comme certain d'enlever de vive force. Il fit marcher son armée vers le nord avec l'intention de venir appuyer sa droite au fleuve en amont d'Humaïta. Ainsi placé, il allait menacer les communications de l'ennemi avec l'Assomption, par la rive gauche du fleuve, et il rendait inutile la position de Curupayti, située dans le sud de la forteresse.

Depuis la journée du 22 septembre 1866, l'escadrille brésilienne était restée mouillée en aval de Curupayti. L'amiral Ignacio, qui la commandait, réduit à ses propres ressources, ne pouvait rien entreprendre contre une position qui avait résisté victorieusement à la double attaque de la marine et de l'armée. D'autre part, s'il restait à son mouillage, la marine cessait de prendre part aux opérations de guerre effectuées en vue de la prise d'Humaïta. Il résolut de tenter le passage de vive force. Le 15 août 1867, laissant au mouillage, devant Curuzu, les navires en bois, il franchit le fleuve, sous le feu des Paraguayens, et il vint jeter l'ancre dans un des bras du Chaco. Dans cette position, choisie avec discernement, son escadre était abritée des feux de Curupayti, et en même temps elle se trouvait favorablement placée pour bombarder Humaïta. Les communications de la division navale brésilienne avec les navires restés en arrière se trouvèrent naturellement coupées, mais l'amiral en établit de nouvelles, par terre, le long de la rive droite du Paraguay. Quelques mois s'écoulèrent, pendant lesquels les cuirassés dirigèrent leur feu contre Humaïta. Les résultats de ce tir prolongé furent insignifiants ; l'armée n'avait pas été plus heureuse, et, malgré ses efforts, elle n'avait fait aucun progrès contre la place. Les alliés furent alors convaincus de la difficulté, si ce n'est de l'impossibilité de s'emparer de cette forteresse, par une attaque de vive force, aussi longtemps qu'elle conserverait ses communications avec le dehors. Ils mirent tout en œuvre pour arriver à l'investissement complet d'Humaïta, où Lopez faisait pénétrer des secours par la rive droite du Paraguay et le cours du fleuve. Les troupes alliées furent transportées sur la rive droite du Paraguay, par les soins de l'amiral Ignacio et sous la protection de ses bâtiments. L'escadre se chargea de couper les communications entre la place et le haut du fleuve. Le 19 février 1868, les cuirassés brésiliens, renforcés de quelques monitors venus de Rio, forcèrent le passage, sous le feu d'Humaïta, et vinrent mouiller en amont de la forteresse, donnant ainsi la main à l'armée, qui les vit apparaître avec la plus vive satisfaction. Le lendemain, trois bâtiments cuirassés, les seuls qui n'eussent pas reçu dans le combat de la veille des avaries assez sérieuses pour être momentanément hors de service, se dirigèrent vers l'Assomption. Dès que ceux-ci apparurent, la capitale paraguayenne, laissée sans défense, fut évacuée. Le commandant de la division navale brésilienne, n'ayant pas de troupes de débarquement, dut se contenter de ce résultat. Certain d'ailleurs d'avoir produit un effet très-grand sur le moral de l'ennemi, cet officier vint rejoindre, à son mouillage en avant d'Humaïta, le gros de l'escadre brésilienne. En mai 1868, grâce aux efforts de la marine et de l'armée, et malgré l'énergie et l'extrême habileté déployées par les Paraguayens, Humaïta se trouva complétement isolée. Trois mois après, Humaïta, évacuée par la garnison, qui s'enfuit, de nuit, par la rive droite du fleuve, tomba entre les mains des alliés.

Lopez, aussitôt qu'il avait reconnu l'imminence de la chute d'Humaïta, avait concentré les débris de ses troupes sur le Rio Tebicuary, situé sur la rive gauche du Paraguay, en aval de l'Assomption. Il se décida à abandonner cette position difficile à défendre pour se porter à Angostura, placé sur la même rive, mais à une distance plus rapprochée de la capitale. En cet endroit, le fleuve fait un coude très-brusque, et sa largeur ne dépasse pas quelques centaines de mètres. Ce point était donc favorablement choisi pour disputer le passage du fleuve aux cuirassés brésiliens. La situation, au point de vue militaire, n'était pas moins bonne. La disposition des lieux se prêtait à la défense d'Angostura contre des troupes venant du sud et se dirigeant sur l'Assomption. Lopez fit immédiatement construire des retranchements et élever des batteries afin de s'établir solidement dans cette nouvelle position. Il ne comptait guère que 10,000 soldats, et il allait avoir affaire à plus de 40,000 ennemis. La marche lente de ses adversaires, qui ne parurent que vers la fin de septembre, lui permit d'achever les préparatifs qu'il faisait pour les recevoir. Les cuirassés brésiliens entamèrent la lutte avec les batteries d'Angostura, sans obtenir sur celles-ci aucun avantage. Toutefois, l'amiral Ignacio acquit la certitude que le feu de l'ennemi ne pourrait l'empêcher de forcer le passage quand il le jugerait convenable. Le marquis de Caxias trouvant la position de Lopez très-forte et craignant d'éprouver un échec s'il l'attaquait de front, se décida encore une fois à la tourner. Il y réussit, grâce au concours de la marine, qui transporta une partie de ses troupes sur la rive droite du fleuve. Celles-ci remontèrent le long de cette rive, en se tenant hors de portée des batteries paraguayennes jusqu'à ce qu'elles fussent parvenues en amont d'Angostura. Là, les bâtiments cuirassés qui avaient forcé le passage dans ce but, reprirent les mêmes troupes et les transportèrent sur la rive gauche, à Vileta. Le 5 décembre 1869, ce mouvement était terminé, et les troupes alliées marchèrent sur les positions de Lopez qu'elles prenaient à revers. Après quelques combats sanglants livrés dans le courant du mois de décembre, les Paraguayens furent battus et presque complétement détruits. Lopez, sur le point d'être pris, réussit à s'enfuir avec quelques cavaliers d'escorte. L'abandon des batteries d'Angostura fut la conséquence de la victoire des alliés. Dès lors, le rôle militaire de la marine brésilienne se trouva terminé. Les bâtiments n'eurent plus qu'à pourvoir au ravitaillement des troupes.

Les alliés, maîtres de la capitale et de presque tout le pays, parurent d'abord n'accorder que peu d'attention aux mouvements de Lopez, qui tenait la campagne avec une poignée d'hommes. Toutefois les Brésiliens, sachant bien que la guerre ne serait réellement terminée que lorsqu'ils se seraient emparés de la personne du président, ne tardèrent pas à se raviser. En mai 1869, les opérations militaires furent reprises et la poursuite menée vigoureusement. Celui-ci se retira, tout en combattant, devant les forces supérieures qui manœuvraient pour le cerner. Les alliés, entraînés à sa suite dans l'intérieur du pays, étaient obligés de marcher lentement à cause des difficultés qu'ils éprouvaient pour subsister. Celui-ci continuait à reculer, mais sa position devenait chaque jour plus misérable. Il marchait à la tête de quelques soldats mal nourris, à peine vêtus, n'ayant plus que de mauvaises armes et peu de munitions. Les mouvements de cette petite troupe, dont l'énergie ne se démentit pas, se trouvaient gênés par plusieurs milliers de vieillards, de femmes et d'enfants. Le 1er mars 1870, le camp paraguayen fut surpris. Les derniers soldats de Lopez furent tués ou faits prisonniers; lui-même, couvert de blessures, tomba entre les mains de l'ennemi. Comme il refusait de se rendre, sur la demande expresse qui lui en fut faite, l'officier qui commandait les troupes victorieuses le fit achever par ses soldats. Telle fut la fin d'un homme qui avait attiré de si grands malheurs sur son pays. Cette guerre avait dévoré la presque totalité des hommes qui pendant sa durée, de 1865 à 1870, s'étaient trouvés en état de porter les armes, et consommé pour de longues années la ruine de ce pays.

Dans l'expédition que nous venons de rapporter, le principal rôle appartient à l'armée. La marine, si elle eût été réduite à ses propres ressources, eût été impuissante à infliger un désastre sérieux à l'ennemi. Après avoir détruit la flottille paraguayenne, l'escadre brésilienne n'eût eu rien autre chose à faire, si ce n'est de bloquer le confluent du Paraguay et du Parana. Les faits subséquents montrèrent bien qu'elle ne pouvait pas autre chose. A Curupayti, à Humaïta, à Angostura, quoiqu'elle agît de concert avec l'armée, et que, par conséquent, l'attention de l'ennemi fût divisée, elle n'obtint aucun avantage contre les batteries paraguayennes. Elle réussit mieux à Itapiru et à Curuzu, où elle prêta aux troupes un concours efficace ; néanmoins ce furent ces troupes qui, en occupant ces points, assurèrent la victoire. Après avoir dit ce que la marine eût fait si elle eût été seule, nous allons rappeler son action, alors qu'elle opérait avec l'armée dans cette campagne pénible même pour les vainqueurs. Le débarquement de l'armée sur le sol paraguayen, base de toute l'expédition, ne fut possible que grâce à la supériorité de l'escadrille brésilienne sur celle de Lopez et au concours actif de la marine dans l'attaque de la forteresse d'Itapiru. Ce fut avec l'aide des navires brésiliens que les alliés arrivèrent à l'isolement complet d'Humaïta. L'amiral força le passage du fleuve, et il vint s'établir en amont de la forteresse. A partir de ce jour-là, l'ennemi ne put rien y faire pénétrer par le fleuve. La prise d'Humaïta fut l'événement décisif de la guerre. A ce moment Lopez avait subi de grandes pertes en hommes et en matériel, et déjà on pouvait prévoir que le terme de la résistance était proche. Toutefois, ce fut seulement après la défaite des Paraguayens dans leurs lignes, près des batteries d'Angostura, à la fin de l'année 1868, que le sort de la campagne fut définitivement fixé. Or, le marquis de Caxias doutait du succès de cette dernière entreprise, si l'attaque avait lieu de front. La marine porta une partie de ses troupes sur la rive droite du Paraguay, et elle les reprit, en amont de la position ennemie, pour les transporter de nouveau sur la rive gauche. Celles-ci vinrent s'établir sur les derrières de Lopez, et la destruction de l'armée paraguayenne fut le résultat des combats sanglants livrés dans des conditions favorables aux alliés. Le caractère des services rendus par la marine se dessine avec une grande netteté. Seule, son rôle militaire est terminé lorsqu'elle a battu la flottille paraguayenne, et il ne lui reste plus qu'à faire le blocus des côtes ennemies; associée à l'armée de terre, elle rend de grands services, et elle est le supplément de force qui assure la victoire.

APPENDICE.

DOCUMENTS CONCERNANT LA MARINE ALLEMANDE

PENDANT LA PÉRIODE
ÉCOULÉE ENTRE LE 9 ET LE 31 JUILLET 1870.

Le travail qu'on vient de lire était terminé lorsqu'a paru, traduite en français [1], la première livraison de l'ouvrage rédigé par la section historique du grand état-major prussien. Cette première partie embrasse les événements survenus jusqu'au 31 juillet 1870. Il nous a semblé utile d'emprunter à cette livraison quelques passages relatifs aux faits maritimes et de les placer à la suite de cette étude. Il est toujours bon de connaître la pensée de ses adversaires et de mettre ce qu'ils disent en regard de ce que nous disons nous-mêmes. Les documents contenus dans cette livraison n'embrassent qu'une période très-courte, puisqu'ils ne vont pas au delà du 31 juillet. Tou-

[1] Par le capitaine d'état-major E. COSTA DE SERDA. (Librairie militaire de Dumaine, à Paris.)

tefois les détails qu'elle renferme sur le rôle réservé à la marine allemande, en cas de guerre avec la France, et sur les dispositions prises pour la défense des ports et des côtes, offrent un véritable intérêt.

« A cette énumération[1], il faut ajouter encore les forces maritimes dont la Prusse disposait pour protéger les côtes allemandes.

» Ces forces comprenaient en navires de guerre :

3 frégates cuirassées,
2 navires cuirassés,
4 corvettes à pont ras,
5 corvettes à batterie couverte,
1 vaisseau de ligne,
2 avisos,
3 frégates à voiles,
4 bricks à voiles,
et le yacht royal *Grillon*.

» Soit au total 25 navires ; plus :

8 canonnières de 1re classe,
14 canonnières de 2e classe.

[1] L'énumération dont il s'agit est celle-ci : Total général des forces allemandes : hommes, 1,183,389 ; chevaux, 250,373.

» Toutefois, une partie de ce matériel naval ne pouvait entrer en compte dans le cas d'une campagne maritime; il convenait d'en défalquer tout d'abord les navires à voiles, puis le vaisseau de ligne *Renown,* employé comme stationnaire et comme école d'artillerie à Kiel, et enfin 2 corvettes à batterie couverte, 2 corvettes à batterie barbette, 1 aviso et 1 canonnière de 1re classe qui se trouvaient en réparation, ou qui, par suite de l'insuffisance des ressources en hommes, ne pouvaient, pendant les premières semaines, être pourvus de leurs équipages.

» On ne disposait donc plus que de 12 forts navires et de 21 canonnières; sur ce nombre, 3 corvettes et 1 canonnière de 1re classe étaient en station dans les mers étrangères et ne pouvaient rallier les forces existantes dans les ports de la Confédération, avant l'ouverture des hostilités.

» La marine comptait, comme personnel en service, 6,204 hommes, qui, en y comprenant les officiers, les cadets, les officiers de port et les non-combattants, se répartissaient ainsi :

Divisions des cadres de la flotte.	3,923 hommes.
Division des chantiers (compagnie de mécaniciens et d'ouvriers).	918 »
A *reporter*. . .	4,841

APPENDICE.

Report. . . .	4,841
Bataillon d'infanterie de marine (à 5 compagnies).	905 hommes.
Artillerie de marine (1 Abtheilung à 3 compagnies). . . .	458 »
Total. . . .	6,204 hommes.
Sur un chiffre d'hommes en réserve de.	12,940 hommes.
Les absents à cette époque figuraient pour.	6,105 »
Il ne restait donc, comme pouvant être immédiatement rappelés, que.	6,835 hommes.

» La mise sur pied de guerre des forces navales exige un laps de temps plus considérable que la mobilisation de l'armée de terre; elle comprend :

La rentrée des réserves.
L'armement des navires.

» Il faut, en outre, prendre les dispositions nécessitées par la défense des côtes.

» La lenteur avec laquelle rentraient les réserves ne permettait pas de compter que la flotte fût tout entière en mesure d'être employée avant trois ou quatre semaines.

» Cinq cents matelots déjà exercés avaient été

rappelés dès le 15 juillet; le 16, un ordre de cabinet prescrivait la mise sur pied de guerre de la flotte et la mobilisation du bataillon d'infanterie et de l'artillerie de marine.

» En conséquence, la rentrée des réserves et de la *seewehr* était ordonnée, le 16 juillet, pour la division des chantiers; le 18, on rappelait également à la division des cadres de la flotte la totalité des matelots déjà instruits, tous les pilotes, et les deux plus jeunes classes de la *seewehr*. Le 27 juillet enfin, cette mesure était étendue à toutes les classes de matelots et à tous les hommes passibles du service maritime jusques et y compris ceux nés en 1842.

» Kiel était désigné comme lieu de rassemblement des réserves et de la *seewehr*. Toutefois, en raison de l'insuffisance des moyens de communication, tant avec l'intérieur du pays qu'avec les autres places maritimes, ce port ne répondait pas d'une manière complète à toutes les conditions que doit remplir un point de réunion générale; il était donc impossible d'éviter d'assez grands désordres, de sorte que, le 30 juillet encore, certains corps n'avaient point reçu leurs réserves.

» Au commencement d'août, la compagnie de dépôt créée dans le bataillon d'infanterie de marine était incorporée dans le bataillon de réserve d'infanterie de marine alors en voie de formation, en exécution du décret du 19 juillet.

» L'artillerie de marine formait 6 compagnies à 251 hommes, dont 4 à Friedrichsort et 2 à Wilhelmshafen. Le 4 août, ce corps recevait une nouvelle augmentation par la création de 3 compagnies de réserve à 148 hommes, qui se complétaient au moyen d'officiers et d'hommes de l'artillerie de landwehr, ces derniers pris dans les districts des VIIe et VIIIe corps d'armée.

» Le 31 juillet, l'effectif de la marine se chiffrait donc par un total de 10,382 hommes répartis ainsi qu'il suit :

Divisions des cadres de la flotte.	5,824 hommes.
Division des chantiers.	1,411 »
Bataillon d'infanterie de marine (y compris la compagnie de dépôt et le bataillon de réserve d'infanterie de marine en voie de formation). . . .	1,998 »
Artillerie de marine.	1,149 »
Total. . . .	10,382 hommes.

» De plus, en exécution d'un ordre de cabinet en date du 24 juillet, il était fait un appel officiel pour la formation d'une *seewehr* volontaire destinée au service des bateaux-torpilles. Au mois d'août, elle atteignait un effectif de 322 hommes.

» La mise en service des navires était prononcée par le ministère de la marine, de concert avec le commandant en chef des forces navales.

» Au milieu de juillet, la flotte de guerre comprenait comme navires de combat déjà en service :

Les frégates cuirassées *Roi Guillaume*, *Prince Royal*, *Frédéric-Charles*, et le navire cuirassé *Prince Adalbert*, qui, formant une escadre sous le commandement de l'amiral prince Adalbert, devaient croiser dans l'océan Atlantique pour exécuter des manœuvres de tactique navale et pour étudier la manière dont les navires cuirassés se comportaient en haute mer.

Plus 4 canonnières chargées du service des ports et des côtes.

» Des décisions ultérieures venaient prescrire la mise en service :

Du navire cuirassé *Arminius*, des 2 corvettes *Élisabeth* et *Nymphe*, du yacht royal *Grillon*, et des 20 canonnières encore disponibles.

» En outre, sur le Weser et l'Elbe, ainsi qu'à Kiel et à Stettin, on se procurait, par voie de location ou d'achat, plusieurs navires de la marine marchande, destinés au service des reconnaissances et à divers travaux.

» Le Supplément donne la composition de toutes les forces navales dont on disposait ainsi.

» Le soin de la mise en état de défense des côtes, attribué d'abord au ministère de la guerre, passait, le 18 juillet, au gouvernement général des pays côtiers récemment institué.

» Tous les signaux servant au balisage étaient enlevés dans les eaux menacées, et un service de surveillance était établi le long des côtes.

» On s'occupait également de fermer les passes au moyen d'estacades, et de construire des batteries pour protéger ces dernières; on élevait aussi des ouvrages provisoires qui permettraient aux troupes d'opposer une première résistance en cas de débarquement de l'ennemi.

» Jamais, à aucune époque, les deux ports militaires de Wilhelmshafen et de Kiel, qui allaient se trouver en jeu, n'avaient été, aussi peu qu'en juillet 1870, en mesure de faire face aux événements.

» A Wilhelmshafen, on en était encore aux débuts; les remparts inachevés ne portaient pas un seul canon; l'entrée du port ne pouvait être sérieusement fermée pour le 31 juillet. L'escadre de la mer du Nord, qui s'y trouvait réunie, restait donc seule pour protéger tout d'abord cet important établissement. La défense intérieure de la Jahde devait être assurée par 6 batteries de côtes en voie de construction, et dont les derrières seraient couverts du côté de la terre ferme par d'autres travaux de fortification.

» Quant aux ouvrages destinés à fermer l'entrée de la rade de Kiel, ils se trouvaient alors en pleine période de reconstruction.

» Cependant, le 19 juillet, déjà on avait terminé l'armement des redoutes de Möltenort et de Jägerberg, à l'entrée du port, et le 5 août, les dernières batteries étaient également achevées.

» Mais il était encore nécessaire de protéger, par des estacades et des batteries, les points des côtes qui, comme les embouchures des fleuves et les divers autres ports, étaient abordables aux navires ennemis.

» Des travaux de cette nature étaient exécutés dans la plus large mesure sur les côtes de la mer du Nord, pour la défense du Weser et de l'Elbe; en outre, 14 canonnières à vapeur et 7 bateaux-torpilles à rames, dont l'équipage avait été pris provisoirement dans la *seewehr* volontaire, y étaient répartis en différents points, pour concourir à cette défense.

» Indépendamment de Kiel, des batteries existaient encore sur les côtes de la mer Baltique, à Sonderbourg, Travemünde et Wismar, ainsi que des estacades dans les deux premiers de ces ports.

» Tous les ouvrages étaient approvisionnés pour trois mois. »

Nous ferons remarquer, nous ne dirons pas l'inexactitude calculée, mais l'extrême complaisance des auteurs de l'ouvrage que nous citons pour l'amour-propre allemand.

Si à aucune époque les deux ports militaires de Kiel et de Wilhelmshafen n'avaient été, aussi peu qu'en juillet 1870, en mesure de faire face aux événements, comment se fait-il que, de l'aveu même des officiers prussiens, les dernières batteries complétant le système de défense de Kiel aient été terminées le 5 août 1870 ?

Il est difficile de croire qu'un pareil résultat ait pu être obtenu, sans être en même temps parfaitement convaincu que le jour de la déclaration de guerre, c'est-à-dire le 19 juillet, et à plus forte raison dans les derniers jours de ce mois, les défenses de Kiel, sauf quelques détails, étaient complètes. Que toutes les redoutes, batteries ou positions fortifiées n'eussent pas la totalité de leurs canons, cela est certainement exact, mais ces canons se trouvaient dans l'arsenal, et les Prussiens n'ont eu qu'à les mettre en place. Qu'ils n'aient perdu ni un jour ni une heure pour exécuter cette opération ; qu'ils aient mis le temps à profit pour perfectionner les travaux existants et même en construire de nouveaux, c'est ce dont personne ne doutera. Mais du moment que les Prussiens déclarent que les ouvrages reconnus nécessaires pour la défense d'une baie d'une étendue aussi vaste que celle de Kiel, étaient terminés le 5 août, ils doivent renoncer à dire que ce port n'avait jamais été, à aucune époque, *aussi peu qu'en juillet* 1870, en mesure de faire face aux événements. Nous trouvons, d'ailleurs, une preuve de ce que nous avançons dans un passage du même ouvrage qu'on trouvera un peu plus loin. Il s'agit d'un projet relatif au rôle de la marine dans une guerre entre la France et l'Allemagne. On remarquera que ce projet, proposé par le vice-amiral Jachmann et approuvé par le roi, est antérieur à la déclaration de guerre. Voici le passage indiqué :

« En ce qui concerne la défense de la mer
» Baltique, des forces relativement moindres suf-
» fisaient pour protéger les ports et les embou-
» chures, avec l'aide des estacades et des tor-
» pilles et avec l'appui des ouvrages qui couvraient
» les ports, et dont la construction et l'armement

» étaient poussés, notamment à Kiel, avec la plus
» grande activité. »

La situation du port militaire de Wilhelmshafen n'était pas exactement la même. Tous les ouvrages prévus pour la défense n'étaient pas achevés, et quelques-uns de ceux qui étaient déjà construits n'avaient pas reçu la totalité de leur armement. Mais l'établissement militaire était terminé, et c'était là le point important. En effet, cet établissement militaire, qui n'est rien autre qu'un vaste bassin, creusé de main d'homme et entouré de tous côtés de remparts solides, offrait aux cuirassés prussiens un refuge inviolable contre une attaque simplement maritime. Une escadre peut entrer dans une rade ou franchir une passe sous le feu de l'ennemi, si cette rade ou cette passe n'est pas barrée; mais, quelque formidable qu'elle soit, elle ne pénétrera pas de vive force dans un port à marée. Cette escadre s'arrêtera impuissante devant les murailles qui forment la clôture du port du côté de la mer. Quant au canal étroit qui fait communiquer les bassins intérieurs avec le large, au moment de la marée haute et seulement pendant la durée de l'étale de flot, un navire échoué dans la passe suffira pour l'obstruer et la rendre impraticable aussi bien en temps de paix qu'en temps de guerre, non-seulement pour une flotte mais pour le plus modeste bâtiment. Pour prendre les frégates allemandes retirées dans les bassins intérieurs de Wilhelmshafen, il eût fallu que des troupes françaises, débarquées de nos bâtiments ou venues par terre, eussent pénétré dans l'arsenal en nombre suffisant pour en chasser les défenseurs et s'emparer de la place.

En ce cas, les cuirassés allemands eussent été nôtres, au même titre et de la même manière que les armes, vivres, munitions, et tous autres objets de matériel contenus dans une place conquise, appartiennent au vainqueur. Ainsi, la possession de Wilhelmshafen ne pouvait être que le prix d'un combat heureux livré sur les bords de la Jahde par la flotte et un corps de troupes. Les Prussiens ne l'ignoraient pas. Ils savaient également que si, au début de la guerre, nous tentions quelque expédition de cette nature, ce serait vers la Baltique, où nous appelaient des considérations militaires et politiques, que nous dirigerions nos efforts. Il leur restait à prévoir le cas où le port de Wilhelmshafen eût été attaqué par une flotte presque immédiatement après la déclaration de guerre. Cette attaque ne pouvait être, ainsi que nous l'avons expliqué, qu'une canonnade plus ou moins prolongée dirigée sur l'arsenal. Pour repousser cette attaque, il suffisait que le front de l'enceinte donnant sur la mer fût en bon état de défense. Or, ce résultat était obtenu avant la fin de juillet 1870. Enfin, il ne faut pas perdre de vue, quand on parle de Wilhelmshafen, que la situation de ce port, et la difficulté d'y arriver alors que les pilotes et les bouées ont disparu, constituent par excellence sa puissance défensive.

Le grand mérite des Allemands, et que nul ne peut songer à leur contester, c'est d'avoir tout préparé en vue d'événements qu'ils prévoyaient et vers lesquels ils marchaient. En 1868, le gouvernement allemand demanda au Reichsrath un crédit, divisé en un certain nombre d'annuités, destiné à l'augmentation de la flotte de guerre, au développement des arsenaux maritimes de la Confédération et à l'achèvement des fortifications côtières. Les ports de guerre de Kiel et de Wilhelmshafen absorbaient une partie de la somme indiquée dans le projet du gouvernement. Le général de Moltke prit la parole à cette occasion, et il prononça un discours dont nous croyons utile de retracer les principaux passages :

. . . .

« Quel est l'homme de bon sens qui ne souhai-
» terait pas que les dépenses énormes que l'on
» consacre, dans toute l'Europe, aux choses de

» la guerre, pussent être appliquées à des œuvres
» de la paix ? Mais cela n'arrivera jamais par la
» voie des négociations internationales, qu'a pro-
» posée un des honorables préopinants. . . .

» La guerre n'est que la continuation de la
» politique par d'autres moyens.

. . . .

» Pour cela nous avons besoin d'une armée et
» d'une flotte, et, confiant dans le patriotisme de
» cette haute assemblée, j'espère que vous adop-
» terez la loi qui vous est présentée par le gou-
» vernement. »

Nous ferons sagement en France, lorsque nous discuterons les budgets de la guerre et de la marine, de méditer les paroles prononcées, en cette circonstance, par le chef d'état-major général des armées prussiennes. La Chambre accorda ce qu'on lui demandait.

Le gouvernement prussien voulait faire de la ville et du port de Kiel une place forte de premier ordre. Le nombre des annuités nécessaires pour atteindre ce résultat allait bien au delà de l'année 1870, mais on était décidé, à Berlin, à terminer sans délai les fortifications de la ville et du port. Kiel, outre sa situation qui en faisait le port principal de la Confédération dans la Baltique, avait une importance particulière à cause de son voisinage avec le Danemark, auquel elle avait été enlevée peu d'années auparavant. En cas de guerre avec la France, il y avait là un danger dont l'état-major prussien mesurait exactement l'étendue. Aussi les travaux de défense furent-ils poussés avec une activité telle que, la guerre ayant été déclarée le 19 juillet, le 5 août les dernières batteries défendant l'entrée de la baie étaient terminées. Le port de Wilhelmshafen n'était pas défendu comme il l'est aujourd'hui, et surtout comme il le sera très-prochainement, mais l'établissement militaire était terminé, la flotte avait un abri sûr, et le nécessaire pour repousser une attaque venant de la mer était fait.

Les Prussiens tenteraient inutilement de faire croire qu'ils ont été surpris par les événements. Les faits ont prouvé que leur gouvernement avait poussé la prévoyance jusqu'à des limites qui n'avaient pas encore été atteintes. Le jour où cette guerre est venue, hommes et choses étaient prêts pour y faire face, et sur un ordre parti de Berlin, chacun s'est rendu sans bruit et sans effort au poste qui lui était assigné. Le général de Moltke a créé, si on peut s'exprimer ainsi, la science des préparatifs, et il l'a imposée pour l'avenir à l'Europe. Il n'est pas aujourd'hui un gouvernement sage qui ne doive reconnaître la nécessité d'avoir, par devers lui, un plan de campagne prêt pour tout cas de guerre qui pourrait se présenter.

« Au nombre des attributions de l'état-major en temps de paix, se trouve la mission d'étudier, dans ses plus minutieux détails, le groupement des grandes masses de troupes ainsi que leur transport dans l'éventualité d'une guerre quelconque, et de tenir prêts à l'avance les projets d'exécution nécessaires.

. . . .

» Les projets détaillés de concentration de toutes les forces allemandes dans le cas d'une guerre avec la France, la formation et la composition des diverses armées, c'est-à-dire le point de départ de toute opération ultérieure, se trouvent exposés dans un mémoire rédigé par l'état-major prussien dès l'hiver de 1868 à 1869.

. . . .

» Le mémoire s'occupe enfin de la défense des côtes. Un débarquement des Français, si tant est qu'il soit en projet, ne pourrait probablement avoir lieu que dans la période de début immédiat de la guerre, car ces entreprises lointaines s'interdiront d'elles-mêmes aussitôt que nous serons entrés sur le territoire français.

» Le danger le plus immédiat paraissait menacer les côtes de la mer du Nord. Pour les protéger, on disposait de 26,000 hommes environ de garnisons locales (troupes de dépôt et troupes de garnison), ainsi que de la 17ᵉ division d'infanterie mobilisée à Hambourg et de la 2ᵉ division de landwehr à Brême, formant un total de 29,000 hommes de troupes actives. Pour défendre les côtes moins directement en péril de la mer Baltique, on avait, indépendamment des garnisons locales, la 1ʳᵉ division de landwehr (11,000 hommes) à Hanovre. Une expédition dans la Baltique ne pouvait passer inaperçue et devait donc nous donner tout le temps nécessaire pour y amener nos forces par chemin de fer et pour opposer de prime abord plus de 40,000 hommes à cette opération. En outre, dans cette première période de la campagne, trois corps d'armée prussiens se trouvaient encore dans le pays.

» Ce mémoire, rédigé dans l'hiver de 1868-69, ainsi que nous l'avons déjà fait remarquer, a formé, sans qu'aucun changement y ait été apporté, la base des premières dispositions à prendre lors de la guerre qui éclatait si inopinément.

» Dans la supposition que ce projet serait agréé,

les travaux préliminaires de toute nature avaient été poussés jusque dans les derniers détails, et quand, à son arrivée à Berlin, S. M. le Roi eut daigné l'approuver, il ne restait plus qu'à indiquer la date du premier jour de mobilisation sur les tableaux de marche et de transport préparés, pour chaque corps de troupe, par la section des chemins de fer au grand état-major (lieutenant-colonel de Brandenstein), puis à faire commencer les transports.

» Dès le 18 juillet, S. M. le Roi prescrivait la formation des diverses armées d'après les bases proposées; leurs commandants en chef devaient entrer en fonctions aussitôt la concentration effectuée.

. . . .

» Le territoire de la Confédération de l'Allemagne du Nord était divisé, pour la durée de la guerre, en cinq gouvernements généraux, savoir :
Gouvernement général des districts des Ier, IIe,
 IXe et X^e corps, situés dans les pays côtiers : général d'infanterie Vogel de Falkenstein, quartier général à Hanovre. »

. . . .

Événements maritimes jusqu'au 31 juillet.

« La grande supériorité de la flotte française ne permettait pas à la marine de la Confédération de l'Allemagne du Nord de se mesurer en pleine mer avec l'ennemi, sans s'exposer elle-même à une défaite fort probable et sans abandonner ainsi à l'invasion de l'adversaire des côtes presque sans défense. Sa tâche consistait bien plutôt à consacrer tous ses efforts, toutes ses ressources, à fermer à l'assaillant l'accès des ports militaires, des principaux ports de commerce et de l'embouchure des fleuves.

» Le projet du vice-amiral Jachmann sur le rôle de la marine dans la guerre qui allait éclater, projet qui avait reçu l'approbation royale, mettait à juste titre cette action défensive en première ligne, tout en reconnaissant que, dans certaines conditions particulièrement favorables, on pourrait espérer des succès partiels de pointes offensives exécutées de concert par les trois frégates cuirassées. La répartition des forces navales (voir le Supplément) était donc réglée tant en raison des opérations probables de l'ennemi qu'en vue de protéger ceux des points des côtes qui, d'une part, avaient la plus grande importance, ou qui, d'autre part, se prêtaient le mieux à une défense par la flotte. L'objectif capital de la défense était, tant à cause de son rôle futur que de sa position aux embouchures de l'Elbe et du Weser, l'établissement militaire de Wilhelmshafen, à peu près terminé, il est vrai, mais encore complétement dépourvu de toute organisation défensive.

» Les forces navales qui y étaient rassemblées s'y trouveraient placées dans le flanc d'une flotte ennemie qui chercherait à pénétrer dans les embouchures des deux fleuves en question, et constamment prêtes, soit à mettre à profit toute occasion favorable pour attaquer, soit à couper les communications sur les derrières d'un adversaire qui tenterait d'opérer vers l'est.

» La réunion des trois frégates cuirassées était donc une condition essentielle pour la défense de Wilhelmshafen, comme pour la possibilité d'un mouvement offensif ou d'un engagement heureux, tandis que le stationnement des navires cuirassés *Arminius* et *Prince Adalbert* dans l'Elbe ménageait la facilité d'une coopération opportune.

» En ce qui concerne la défense de la mer Baltique, des forces relativement moindres suffisaient pour protéger les ports et les embouchures, avec l'aide des estacades et des torpilles et avec l'appui des ouvrages qui couvraient les ports et dont la construction et l'armement étaient poussés, notamment à Kiel, avec la plus grande activité.

» Déduction faite des navires indispensables pour la protection de nos côtes, il ne restait plus, pour l'éventualité d'une croisière, que la corvette *Élisabeth*, qui possédait d'excellentes qualités nautiques, mais qui était de peu de valeur en présence de la flotte nombreuse et supérieure de l'ennemi.

» Cette guerre soudaine était si peu prévue, qu'au moment où surgissaient les premières complications diplomatiques, les quatre vaisseaux cuirassés *Roi Guillaume*, *Frédéric-Charles*, *Prince Royal* et *Prince Adalbert*, réunis en escadre sous le commandement de S. A. R. le prince Adalbert de Prusse, se trouvaient en voyage d'expériences dans l'océan Atlantique. Le 10 juillet, après quelques réparations nécessaires, ils avaient quitté le port de Plymouth, mais ils y rentraient bientôt par suite des nouvelles alarmantes rapportées, le 13, par le vaisseau cuirassé *Prince Adalbert*, expédié à Darmouth : ils rétrogradaient alors sur Wilhelmshafen, où ils jetaient l'ancre le 16, et où ils commençaient sans délai à s'occuper de prendre toutes les dispositions pour repousser énergiquement l'ennemi. Aussitôt après l'arrivée de l'escadre cuirassée dans la Jahde, le vaisseau cuirassé *Prince Adalbert* faisait route vers l'embouchure de l'Elbe, conformément au plan de répartition adopté.

» La nature des circonstances obligeant à renoncer à une action commune des forces navales, S. A. R. le prince Adalbert de Prusse était relevé de ses fonctions pour prendre part, dans le commandement en chef de la 1re armée, à la campagne de France. Le commandement supérieur des forces navales était donné, dans la mer du Nord, au vice-amiral Jachmann, et dans la mer Baltique, au contre-amiral Heldt, commandant la station de Kiel.

» Au fur et à mesure de l'arrivée des hommes de la réserve et de la seewehr, et avant même que le mois de juillet fût complétement écoulé, toutes les ressources maritimes susceptibles d'être immédiatement utilisées se trouvaient mises en service. Aussitôt que les navires étaient prêts à lever l'ancre, ils étaient répartis de la manière désignée, en tenant plus particulièrement compte de ceux qu'il y avait lieu de diriger sur la mer du Nord.

» Le 15 et le 16 déjà, la *Comète* et la *Flèche* partaient, l'une de Kiel, l'autre de Swinemünde, pour la mer du Nord.

» Le 18, le *Vineta*, qui avait besoin de réparations, les navires à voiles *Gefion*, *Niobé* et *Rover* étaient remorqués de Kiel sur Swinemünde, sous la direction du lieutenant de vaisseau Schulze, pour éviter qu'ils ne fussent emmenés ou détruits par l'ennemi, grâce au système de défense encore incomplet du premier de ces ports, et avant qu'il fût devenu possible de protéger efficacement sa rade.

» Le 24 juillet, le *Cyclope*, le *Requin* et l'*Épervier* faisaient route, sous la conduite du capitaine-lieutenant de Nostitz, de Kiel vers la mer du Nord; ils arrivaient, le 28, à l'embouchure de l'Elbe, tandis que, d'autre part, dans la période du 26 au 31 juillet, sept canonnières de deuxième classe : *Vautour, Chasseur, Hyène, Vipère, Hirondelle, Guêpe* et *Renard* étaient également dirigées, de Kiel et de Stralsund, sur la mer du Nord, par le canal de l'Eider.

» Dans la soirée du 27, l'*Arminius* quittait Kiel pour gagner son point de destination; il était suivi par l'*Élisabeth* dans la matinée du 28.

» L'apparition de la flotte française à Skagen, le 28, obligeait de suspendre les départs et de faire rétrograder ces deux navires; mais le second seulement pouvait être rejoint par le contre-ordre. Quant à l'*Arminius*, il arrivait le 28 en vue de l'escadre ennemie.

» Afin de donner le change à l'adversaire, le capitaine de corvette Livonius, commandant ce vaisseau, faisait ouvertement mine de rebrousser chemin; puis, une fois hors de vue, il se portait sur les côtes de Suède, et appuyant au nord pendant la nuit, il continuait son voyage sans incidents et entrait le 31 à Cuxhaven.

» Par modification au plan primitif de défense, un décret du 22 juillet prescrivait la formation, à Stralsund, d'une flottille de canonnières commandée par le capitaine de corvette comte Waldersee, et composée du yacht *Grillon* et des canonnières *Dragon*, *Éclair* et *Salamandre*.

» Le 31 juillet, la répartition des forces navales était donc la suivante :

A. — Dans la mer du Nord.

a. Dans la Jahde, à l'est de Wangeroog.	b. Sur l'Elbe, à Cuxhaven.	c. Sur l'Hever, à Husum.	d. En route pour la mer du Nord, par le canal de l'Eider.
Roi Guillaume.	Arminius.	Flèche.	Vautour.
Prince Royal.	Prince Adalbert.		Chasseur.
Frédéric-Charles.	Cyclope.		Hyène.
Basilic.	Requin.		Vipère.
Comète.	Épervier.		Hirondelle.
Loup.			Guêpe.
			Renard.

B. — Dans la mer Baltique.

a. A Friedrichsort.	b. A Stralsund.	c. Au Neufahrwasser, à Dantzig.
Renown.	Grillon.	Nymphe.
Élisabeth.	Dragon.	
Aigle de Prusse.	Éclair.	
Caméléon.	Salamandre.	
Tigre.		
Scorpion.		

» En prévision d'une attaque, le vice-amiral Jachmann avait pris position, avec les trois frégates cuirassées, à l'extérieur de la Jahde, dans la passe de Wangeroog, qui paraissait se prêter le mieux à une bonne défense. Des vapeurs frétés à cet effet établissaient la communication avec Wilhelmshafen, distant de trente kilomètres.

. . . .

» Sur ces entrefaites, du côté des Allemands, des forces en quantité suffisante avaient été dirigées sur les points qui leur étaient assignés dans l'éventualité d'un débarquement. Jusqu'au 27 juillet, on avait encore disposé des troupes actives mobilisées des Ier, IIe, IXe et X^e corps d'armée. A leur départ, elles étaient remplacées par les forces affectées à la défense des côtes, qui s'établissaient de la manière suivante :

» La 17e division d'infanterie arrivait pour le 28 juillet à Hambourg, et lançait de forts détachements d'observation sur Lübeck et Neumünster.

» La 2e division de landwehr se réunissait pour le 1er août à Brême, avec des détachements à Oldenburg et à Bremerhafen.

» La division de landwehr de la garde gagnait Hambourg, du 29 juillet au 3 août, en partie par voie ferrée, en partie par étapes; de là, elle s'échelonnait le long de la ligne Celle-Uelzen.

» S. A. R. le grand-duc de Mecklembourg-Schwerin établissait, le 30 juillet, son quartier général à Uhlenhorst, près de Hambourg.

» La répartition de ces diverses divisions était réglée de telle sorte que douze heures au plus tard après la réception d'un ordre de mouvement, les dernières fractions pussent être mises en marche par chemin de fer.

» Indépendamment des divisions énumérées ci-dessus, le général d'infanterie Vogel de Falkenstein, gouverneur général des pays côtiers, disposait encore, en troupes de garnison et de dépôt, de 77 bataillons, 5 compagnies de chasseurs, 33 escadrons, 17 batteries, 48 compagnies d'artillerie de place et de marine, et 11 compagnies de pionniers, formant un total d'environ 89 à 90,000 combattants.

» On s'occupait aussitôt de tout disposer pour l'hypothèse où il deviendrait nécessaire d'utiliser une partie de ces forces à repousser un débarquement; le 28 juillet, un ordre du gouverneur général prescrivait à toutes les troupes de dépôt que, dans le cas où elles ne seraient déjà complétement disponibles pour coopérer à une défense immédiate des côtes, elles eussent à tenir le tiers ou la moitié de leurs effectifs prêt à être employé contre l'ennemi.

» On avait ainsi pourvu d'une manière suffisante à la sécurité du pays, tandis que pour repousser l'invasion française, les armées allemandes étaient prêtes à porter la guerre sur le territoire de l'adversaire. »

APPENDICE.

SUPPLÉMENT.

Aperçu des forces navales de la Confédération de
de la campagne

I. — Station navale

Commandant en chef des forces navales dans la mer du Nord :

Roi

DÉSIGNATION DES NAVIRES.	NOMS DES NAVIRES.	LIEU DE LA mise en service.	DATE DE LA mise en service.
A. Jahde.			
Frégate cuirassée......	Roi Guillaume...	Kiel......	27 avril 1870.
— —	Frédéric-Charles..	—	11 avril 1870.
— —	Prince Royal....	—	30 avril 1870.
Corvette à batt. couverte.	Elisabeth......	—	18 juillet 1870.
Yacht royal........	Grillon.......	Stralsund...	24 juillet 1870.
Chaloupe can. de 1re cl..	Comète.......	Geestemünde..	20 avril 1870.
— — 2e —..	Chasseur......	Stralsund...	24 juillet 1870.
— — — —.	Vipère.......	—	24 juillet 1870.
— — — —.	Flèche.......	—	3 mai 1870.
— — — —.	Salamandre....	—	24 juillet 1870.
B. Elbe.			
Vaisseau cuirassé......	Arminius......	Kiel......	18 juillet 1870.
— —	Prince Adalbert...	Geestemünde..	14 avril 1869.
Chaloupe can. de 2e cl...	Loup........	—	1 juin 1870.
— — — ..	Hirondelle.....	Stralsund...	24 juillet 1870.
— — — ..	Tigre........	—	24 juillet 1870.
C. Weser.			
Chaloupe can. de 1re cl...	Basilic.......	Geestemünde..	17 juillet 1870.
— — 2e —.	Requin.......	Kiel......	18 juillet 1870.
— — — —.	Hyène.......	Stralsund...	24 juillet 1870.
— — — —.	Epervier......	—	19 juillet 1870.
D. Emden.			
Chaloupe can. de 1re cl..	Dragon.......	Stralsund...	24 juillet 1870.
— — 2e —.	Guêpe.......	—	24 juillet 1870.

Appartenaient, en outre, à l'escadre de la mer du Nord les vapeurs de la seewehr *Diane*, avec 2 canons; *Aimant*, avec 1 canon; ainsi que les vapeurs *Cuxhaven* et *Helgoland*, frétés pour les reconnaissances.

Une grande quantité de remorqueurs à vapeur avaient été frétés pour les travaux.

APPENDICE.

...l'Allemagne du Nord et de leur répartition au début
...de 1870.
...de la mer du Nord.
...vice-amiral **Jachmann**, à bord de la frégate cuirassée de S. M.
...Guillaume.

	PIÈCES.	ÉQUIPAGES.	OBSERVATIONS.
	23	700	
	16	500	
	16	500	
	22	390	
	2	52	
	3	64	
	2	48	
	2	48	
	2	48	
	2	48	
	4	135	
	3	135	
	2	48	
	2	48	
	2	48	
	3	64	
	2	48	
	2	48	
	2	48	
	3	64	
	2	48	

Remarque. — L'apparition prématurée de la flotte française apporta quelques modifications de détail à ce projet de répartition.

II. — Station navale
Commandant en chef des forces navales dans la mer Baltique

DÉSIGNATION DES NAVIRES.	NOMS DES NAVIRES.	LIEU DE LA mise en service.	DATE DE LA mise en service.
A. Kiel et Friedrichsort.			
Vaisseau de ligne.......	Renown........	Plymouth (Angleterre)...	15 mai 1870.
Aviso.............	Aigle de Prusse...	Kiel......	22 juillet 1870.
Chaloupe can. de 1re cl..	Cyclope.......	Stralsund...	23 mars 1870.
— — — —..	Caméléon......	Kiel......	17 juillet 1870.
— — 2e —..	Vautour......	—.....	20 juillet 1870.
— — — —..	Scorpion......	—.....	22 juillet 1870.

Un grand nombre de remorqueurs avaient été frétés pour les travaux. — Pour le service des reconnaissances, on avait, en outre, frété le vapeur *Holsatia*, sous-lieutenant auxiliaire de vaisseau LEHMANN, de la seewehr; et acheté le vapeur *Saint-Georges*, lieutenant de vaisseau COCHIUS.

B. Stralsund.			
Chaloupe can. de 1re cl..	Éclair........	Stralsund...	24 juillet 1870.
— — 2e —..	Renard.......	— ...	24 juillet 1870.
C. Dantzig.			
Corvette à pont ras.....	Nymphe.......	Dantzig....	21 juillet 1870.

III. — En station dans

Corvette à batt. couverte.	Hertha.......	Dans l'Asie orientale...	—
— — — ..	Arcona.......	Aux Açores...	—
— à pont ras....	Méduse.......	Dans l'Asie orientale...	—
Chaloupe can. de 1re cl..	Météore.......	Dans l'Asie occidentale.	—

IV. — Non mi

Frégates à voiles *Gefion*, *Thétis*, *Niobé*; bricks *Musquito*, *Ondine*, *Rover*

Corvette à batt. couverte.	Vineta.......	—	—
— — — .	Gazelle.......	—	—
Aviso............	Poméranie.....	—	—
Corvette à pont ras.....	Augusta.......	—	—
— — — ..	Victoria.......	—	—
Chaloupe can. de 1re cl..	Dauphin......	—	—

APPENDICE.

de la mer Baltique.
contre-amiral **Heldt,** à bord de l'aviso de S. M. *Aigle de Prusse.*

	PIÈCES.	ÉQUIPAGES.	OBSERVATIONS.
	31	397	
	4	110	
	3	64	
	3	64	
	2	48	
	2	48	
	3	64	
	2	48	
	17	190	

les mers étrangères.

	27	390	
	28	390	
	17	390	
	3	64	

en service.
Hela, plus :

	26	390	Entrée en réparations.
	28	390	Manque d'équipage.
	—	56	En reconstruction.
	14	230	⎫
	14	230	⎬ En réparations.
	3	64	⎭

DOCUMENTS OFFICIELS FRANÇAIS ET ÉTRANGERS

CONCERNANT LA MARINE PENDANT LA GUERRE DE 1870-1871 [1].

Note insérée au Journal officiel *du* 21 *juillet* 1870.

. . . .

En ce qui concerne les bâtiments de commerce ennemis actuellement dans les ports de l'Empire, ou qui y entreraient dans l'ignorance de l'état de guerre, Sa Majesté a bien voulu ordonner qu'ils auraient un délai de trente jours pour quitter ces ports. Il leur sera délivré des sauf-conduits pour pouvoir rentrer librement dans leurs ports d'attache, ou se rendre directement à leur port de destination.

Les bâtiments qui auront pris des cargaisons à destination de France et pour compte français dans des ports ennemis ou neutres, antérieurement à la déclaration de guerre, ne sont pas sujets à capture. Ils pourront librement débarquer leur

---

[1] Nous allons indiquer les points les plus intéressants de la législation maritime internationale ayant servi de base à la conduite de la marine pendant la guerre.

chargement dans les ports de l'Empire, et recevront des sauf-conduits pour retourner dans leurs ports d'attache.

Règlement du 27 juillet 1778, concernant la navigation des bâtiments neutres en temps de guerre.

Le Roi s'étant fait représenter les anciens règlements concernant la navigation des vaisseaux neutres pendant la guerre, Sa Majesté a jugé à propos d'en renouveler les dispositions, et d'y ajouter celles qui lui ont paru les plus capables de conserver les droits des puissances neutres et les intérêts de leurs sujets, sans néanmoins autoriser l'abus que l'on pourrait faire de leur pavillon ; et, en conséquence, Sa Majesté a ordonné et ordonne ce qui suit :

Article premier.

Fait défense Sa Majesté à tous armateurs d'arrêter et de conduire dans les ports du royaume les navires des puissances neutres, quand même ils sortiraient des ports ennemis ou qu'ils y seraient destinés, à l'exception toutefois de ceux qui porteraient des secours à des places bloquées, investies ou assiégées. A l'égard des navires des États neutres qui seraient chargés de marchandises de contrebande destinées à l'ennemi, ils pourront être arrêtés, et lesdites marchandises seront saisies et confisquées; mais les bâtiments et le surplus de leur cargaison seront relâchés, à moins que lesdites marchandises de contrebande ne composent les trois quarts de la valeur du chargement; auquel cas les navires et la cargaison seront confisqués en entier. Se réservant, au surplus, Sa Majesté de révoquer la liberté portée au présent article, si les puissances ennemies n'accordent pas la réciproque dans le délai de six mois, à compter du jour de la publication du présent règlement.

Art. 2.

Les maîtres des bâtiments neutres sont tenus de justifier sur mer de leur propriété neutre, par les passe-ports, connaissements, factures et autres pièces de bord, l'une desquelles au moins constatera la propriété neutre, ou en contiendra une énonciation précise : et quant aux chartes parties et autres pièces qui ne seraient pas signées, veut Sa Majesté qu'elles soient regardées comme nulles et de nul effet.

Art. 3.

Tous vaisseaux pris, de quelque nation qu'ils soient, neutres ou alliés, desquels il sera constaté qu'il y a eu des papiers jetés à la mer ou autrement supprimés ou distraits; seront déclarés de bonne prise avec leurs cargaisons, sur la seule preuve des papiers jetés à la mer, et sans qu'il soit besoin d'examiner quels étaient ces papiers, par qui ils ont été jetés, et s'il en est resté suffisamment à bord pour justifier que le navire et son chargement appartiennent à des amis ou alliés.

Art. 4.

Un passe-port ou congé ne pourra servir que pour un seul voyage, et sera réputé nul s'il est prouvé que le bâtiment pour lequel il aurait été expédié n'était, au moment de l'expédition, dans aucun des ports du prince qui l'a accordé.

Art. 5.

On n'aura aucun égard aux passe-ports des puissances neutres, lorsque ceux qui les auront obtenus se trouveront y avoir contrevenu, ou lorsque les passe-ports exprimeront un nom de bâtiment différent de l'énonciation qui en sera faite dans les autres pièces de bord, à moins que les preuves du changement de nom, avec l'identité du bâtiment, ne fassent partie de ces mêmes pièces, et qu'elles aient été reçues par des officiers publics du lieu de départ, et enregistrées par-devant le principal officier public du lieu.

Art. 6.

On n'aura pareillement égard aux passe-ports accordés par les puissances neutres ou alliées, tant aux propriétaires qu'aux maîtres des bâtiments sujets des États ennemis de Sa Majesté, s'ils n'ont été naturalisés, ou s'ils n'ont transféré leur domicile dans les États desdites puissances trois mois avant le 1er septembre de la présente année; et ne pourront lesdits propriétaires et maîtres de bâtiments, sujets des États ennemis, qui auront obtenu lesdites lettres de naturalité, jouir de leur effet si, depuis qu'elles ont été obtenues, ils sont retournés dans les États ennemis de Sa Majesté, pour y continuer le commerce.

Art. 7.

Les bâtiments de fabrique ennemie, ou qui auront eu un propriétaire ennemi, ne pourront être réputés neutres ou alliés s'il n'est trouvé à bord quelques pièces authentiques, passées devant des officiers publics, qui puissent en assurer la date, et qui justifient que la vente ou cession en a été faite à quelqu'un des sujets des Puissances alliées ou neutres avant le commencement des hostilités, et si ledit acte translatif de propriété de l'ennemi au sujet neutre ou allié n'a été dûment enregistré par-devant le principal officier du départ, et signé du propriétaire ou du porteur de ses pouvoirs.

Art. 8.

A l'égard des bâtiments de fabrique ennemie qui auront été pris par les vaisseaux de Sa Majesté, ceux de ses alliés ou de ses sujets, pendant la guerre, et qui auront ensuite été vendus aux sujets des États alliés ou neutres, ils ne pourront être réputés de bonne prise s'il se trouve à bord des actes en bonne forme, passés par-devant les officiers publics à ce préposés, justificatifs tant de la prise que de la vente ou adjudication qui en aurait été faite ensuite aux sujets desdits États alliés ou neutres, soit en France, soit dans les ports des États alliés; faute desquelles pièces justificatives, tant de la prise que de la vente, lesdits bâtiments seront de bonne prise.

Art. 9.

Seront de bonne prise tous bâtiments étrangers sur lesquels il y aura un subrécargue marchand, commis ou officier-major d'un pays ennemi de Sa Majesté, ou dont l'équipage sera composé au delà du tiers de matelots sujets des États ennemis de Sa Majesté, ou qui n'auront pas à bord le rôle d'équipage arrêté par des officiers publics des lieux neutres d'où les bâtiments seront partis.

Art. 10.

N'entend Sa Majesté comprendre dans les dispositions du précédent article les navires dont les capitaines ou les maîtres justifieront, par actes trouvés à bord, qu'ils ont été obligés de prendre les officiers majors ou matelots dans les ports où ils auront relâché, pour remplacer ceux du pays neutre qui seront morts dans le cours du voyage.

Art. 11.

Veut Sa Majesté que, dans aucun cas, les pièces qui pourront être rapportées après la prise des bâtiments puissent faire aucune foi, ni être d'aucune utilité, tant aux propriétaires desdits bâtiments qu'à ceux des marchandises qui pourraient y avoir été chargées : voulant Sa Majesté qu'en toutes occasions l'on n'ait égard qu'aux seules pièces trouvées à bord.

Art. 12.

Tous navires des puissances neutres, sortis des

ports du royaume, qui n'auront à bord d'autres denrées et marchandises que celles qui y auront été chargées, et qui se trouveront munis de congés de l'amiral de France, ne pourront être arrêtés par les armateurs français, ni ramenés par eux dans les ports du royaume, sous quelque prétexte que ce puisse être.

Art. 13.

En cas de contravention, de la part des armateurs français, aux dispositions du présent règlement, il sera fait mainlevée des bâtiments et des marchandises qui composent leur chargement, autres toutefois que celles sujettes à confiscation, et lesdits armateurs seront condamnés en tels dommages et intérêts qu'il appartiendra.

Art. 14.

Ordonne Sa Majesté que les dispositions du présent règlement auront lieu pour les navires qui auraient échoué sur les côtes dépendantes de ses possessions.

Déclaration du Congrès de Paris, en date du 16 avril 1856.

Les plénipotentiaires qui ont signé le traité de Paris du 30 mars 1856, réunis en conférence,

Considérant :

Que le droit maritime, en temps de guerre, a été pendant longtemps l'objet de contestations regrettables ;

Que l'incertitude du droit et des devoirs, en pareille matière, donne lieu, entre les neutres et les belligérants, à des divergences d'opinion qui peuvent faire naître des difficultés sérieuses et même des conflits ;

Qu'il y a avantage, par conséquent, à établir une doctrine uniforme sur un point aussi important ;

Que les plénipotentiaires assemblés au Congrès de Paris ne sauraient mieux répondre aux intentions dont leurs gouvernements sont animés qu'en cherchant à introduire dans les rapports internationaux des principes fixes à cet égard ;

Dûment autorisés, les plénipotentiaires sont convenus de se concerter sur les moyens d'atteindre ce but, et, étant tombés d'accord, ont arrêté la déclaration solennelle ci-après :

1° La course est et demeure abolie;

2° Le pavillon neutre couvre la marchandise ennemie, à l'exception de la contrebande de guerre [1];

3° La marchandise neutre, à l'exception de la contrebande de guerre, n'est pas saisissable sous pavillon ennemi [1];

4° Les blocus, pour être obligatoires, doivent être effectifs, c'est-à-dire maintenus par une force suffisante pour interdire réellement l'accès du littoral de l'ennemi.

Les gouvernements des plénipotentiaires soussignés s'engagent à porter cette déclaration à la connaissance des États qui n'ont pas été appelés à participer au congrès de Paris, et à les inviter à y accéder.

Convaincus que les maximes qu'ils viennent de proclamer ne sauraient être accueillies qu'avec gratitude par le monde entier, les plénipotentiaires soussignés ne doutent pas que les efforts de leurs gouvernements pour en généraliser l'adoption ne soient couronnés d'un plein succès.

---

[1] Le gouvernement avait donné l'ordre d'appliquer ces principes aux États-Unis et à l'Espagne, bien que ces puissances n'eussent point adhéré à la déclaration du congrès de Paris.

La présente déclaration n'est et ne sera obligatoire qu'entre les puissances qui y ont ou qui y auront accédé.

Fait à Paris, le 16 avril 1856.

Signé : A. WALEWSKI.
BOURQUENEY.
BUOL-SCHAUENSTEIN.
HUBNER.
CLARENDON.
COWLEY.
MANTEUFFEL.

Signé : HATZFELDT.
ORLOFF.
BRUNOW.
CAVOUR.
DE VILLAMARINA.
AALI.
MEHEMED-DJÉMIL.

NOTA. La déclaration du 16 avril a obtenu l'entière adhésion des États dont les noms suivent, savoir :
Bade, la Bavière, la Belgique, Brême, le Brésil, le duché de Brunswick, le Chili, la Confédération Argentine, la Confédération Germanique, le Danemarck, les Deux-Siciles, la république de l'Équateur, les États romains, Francfort, la Grèce, Guatemala, Haïti, Hambourg, le Hanovre, les deux Hesse, Lubeck, les deux Mecklembourg, Nassau, Oldenbourg, Parme, les Pays-Bas, le Pérou, le Portugal, Santo-Domingo, les cinq Saxe, la Suède et la Norvége, la Suisse, la Toscane, le Wurtemberg.
Tous les États composant, en juillet 1870, la Confédération de l'Allemagne du Nord, se trouvent compris dans la liste indiquée ci-dessus.

Nous allons entrer dans quelques détails sur les conséquences résultant des principes contenus dans ce traité et sur leur application pendant la guerre.

L'article 1ᵉʳ de la déclaration du 16 avril 1856 ne comporte pas de commentaires. Toutefois il ne faudrait pas se tromper sur sa signification. Les belligérants ne renoncent pas à poursuivre les bâtiments de commerce de l'ennemi et à s'emparer de ses marchandises. Ce à quoi ils s'engagent, c'est à n'employer, pour l'exercice de ce droit, que les navires faisant régulièrement partie de leurs forces navales. Les puissances signataires du traité, ou qui y ont adhéré, ne peuvent plus désormais commissionner de bâtiments marchands pour courir sus aux navires et à la propriété ennemis dans la haute mer. La restriction des armements destinés à chasser les navires de commerce, qui semble être la conséquence des dispositions de l'article : « La course est et demeure abolie », n'est pas seulement le fait de cet article, mais aussi de la reconnaissance du grand principe que le pavillon couvre la marchandise [1].

---

[1] Les États-Unis disent que cette disposition est particulièrement favorable aux puissances qui entretiennent, en temps de paix, des forces maritimes considérables. Ils ont, en conséquence, refusé d'admettre l'abolition de la course.

Cette maxime, contenue dans l'article 2, a porté atteinte à l'efficacité de la course.

Les puissances maritimes n'ont pas toujours été aussi scrupuleuses à l'endroit des neutres qu'elles le sont actuellement. Autrefois on saisissait la marchandise ennemie partout où on la trouvait. On ne s'emparait pas seulement du navire de commerce ennemi rencontré en haute mer, mais le plus souvent le capteur s'appropriait les marchandises neutres dont il était chargé. Lorsque cet état de choses subsistait, les belligérants pouvaient avoir pour objectif l'interruption complète des relations commerciales de l'ennemi avec les neutres. A cette époque, tout était danger, puisque les navires et les marchandises de chacun des belligérants étaient de bonne prise pour l'autre. S'il advenait qu'un des deux dominât sur mer, celui-là avait la possibilité de frapper d'interdit le commerce de son adversaire. Aujourd'hui un semblable résultat ne peut plus être atteint, sauf dans le cas peu probable où une des deux puissances en lutte parviendrait à bloquer d'une manière effective la totalité des côtes ennemies. Du moment que la marchandise ennemie n'est plus saisissable sous pavillon neutre, les belligérants emploieront le pavillon neutre pour les transports maritimes.

Ils expédieront leurs propres marchandises et ils recevront celles du dehors par navires neutres. Ce que la nouvelle législation atteint, c'est la flotte marchande des belligérants. Celle-ci se trouve condamnée à rester au port, ou à passer, pendant la durée de la guerre, entre les mains étrangères. La crainte des quelques croiseurs confédérés qui tenaient la mer détermina un certain nombre d'armateurs, pendant la guerre de la Sécession, à faire passer temporairement leurs navires sous pavillon neutre. Les prises faites par le *Sumter*, l'*Alabama*, le *Nashville*, eurent aussi pour conséquence de faire élever le taux des assurances maritimes. Les armements en course des confédérés infligèrent un véritable dommage à la flotte marchande de leurs adversaires, mais ils furent impuissants à arrêter les transactions commerciales du Nord avec les autres contrées du globe. Quelques cargaisons américaines furent détruites en même temps que les navires qui les portaient, mais combien le tort fait au commerce des États du Nord eût été plus grand, si les croiseurs du Sud avaient eu le droit de rechercher et de capturer les marchandises des citoyens appartenant aux États restés fidèles à l'Union, aussi bien sous le pavillon neutre que sous le pavillon américain ! Les instructions du président Jefferson Davis ne le leur permirent pas. Les croiseurs du Sud furent tenus de respecter le pavillon neutre, alors même qu'il recouvrait des cargaisons qu'ils savaient être entièrement américaines. La course faite dans ces conditions, c'est-à-dire en respectant les immunités que le droit moderne consacre en faveur des neutres, ne pouvait arrêter le commerce des États du Nord. La ruine de l'industrie des transports maritimes, qui est une des sources de la richesse publique dans un pays qui compte autant de navires de commerce et de marins, tel était le but que les confédérés pouvaient poursuivre et qu'ils eussent atteint, s'ils avaient pu mettre en mer des forces maritimes plus considérables. Mais ils en furent empêchés par l'habileté et l'énergie que déploya le gouvernement fédéral dans la conduite des affaires maritimes.

Nous raisonnons dans l'hypothèse où les forces navales des belligérants conservent, pendant la durée de la guerre, un certain équilibre. Si l'un d'eux disparaît de la scène maritime, la flotte marchande de l'autre reprend sa liberté d'action. Elle navigue en toute sécurité, tandis que les navires de l'ennemi restent immobiles dans leurs ports. C'est ce qui s'est produit pendant la guerre franco-allemande. Notre commerce maritime n'a pas été interrompu, et nos navires marchands ont navigué librement. La sortie de la corvette allemande l'*Augusta* n'a pas, que nous sachions, fait élever le taux des assurances maritimes, ni fait passer un seul de nos navires sous pavillon neutre. Et cependant l'émotion soulevée, en France, par la présence de ce croiseur sur nos côtes, a peut-être été plus grande que celle ressentie aux États-Unis à la suite des pertes infligées au commerce américain par les croiseurs du Nord. Quant à la navigation marchande des Allemands, elle s'est complétement arrêtée. Les bâtiments de commerce de cette nation qui se trouvaient dans les ports étrangers au moment de la déclaration de guerre, y sont restés jusqu'à la conclusion de l'armistice. Ceux qui étaient à la mer à la date du 19 juillet, sont restés dans le premier port neutre où ils ont touché. Quelques navires allemands ont tenté de regagner leurs ports, mais ceux-là étaient en petit nombre. Dans tous les cas, excepté le temps pendant lequel les forces navales françaises ont bloqué les ports de la mer du Nord et de la Baltique, l'Allemagne a pu continuer ses relations commerciales avec l'étranger à l'aide du pavillon neutre. Il est donc exact de dire que la maxime, « Le pavillon couvre la marchandise », a modifié la situation au point de vue de l'efficacité de la course.

Le pavillon neutre couvre la marchandise ennemie, mais il ne couvre pas la contribution de guerre. C'est pourquoi les croiseurs des belligérants ont le droit d'arrêter les bâtiments neutres dans le cas où ceux-ci transporteraient, pour le compte ou à destination de l'ennemi, des objets de contrebande de guerre, des dépêches officielles, ou des troupes de terre ou de mer. Dans ces divers cas, les bâtiments et la cargaison sont confiscables, sauf lorsque la contrebande de guerre ne forme pas les trois quarts du chargement, auquel cas les objets de contrebande sont seuls sujets à confiscation.

Les articles qualifiés contrebande de guerre sont, à moins de stipulations spéciales, les suivants : bouches et armes à feu, armes blanches, projectiles, poudre, salpêtre, soufre, objets d'équipement, de campement et de harnachement militaire, et tous instruments quelconques fabriqués à l'usage de la guerre.

En vertu de ce qui précède, on voit que la mission des croiseurs appartenant aux puissances belligérantes consiste à capturer les navires de commerce de l'ennemi et les neutres engagés dans un commerce illicite, c'est-à-dire transportant de la contrebande de guerre. Mais ces croiseurs ne pourraient satisfaire à ces obligations s'ils n'avaient pas le droit de s'assurer de la nationalité et de la nature du chargement des navires qu'ils rencontrent en haute mer. C'est ce qui explique et motive le maintien du droit de visite, droit reconnu par toutes les puissances, et illimité, en temps de guerre, quant aux parages. Toutefois les instructions adressées aux croiseurs français leur recommandaient très-expressément de ne l'exercer que dans les circonstances et dans les parages où ils étaient fondés à penser qu'il pouvait amener la saisie du bâtiment visité.

Les neutres peuvent être arrêtés s'ils transportent, pour le compte ou à destination de l'ennemi, des objets considérés comme contrebande de guerre. Ils peuvent également être arrêtés s'ils tentent de violer un blocus.

L'article 4 de la déclaration du 16 avril dit qu'un blocus n'est effectif qu'à la condition d'être maintenu par une force suffisante pour interdire réellement l'accès du littoral ennemi. Cette disposition constitue, relativement au passé, un progrès considérable, principalement dû à l'initiative de la France. En effet, à d'autres époques, les belligérants se sont arrogé le droit de frapper d'interdit le commerce de l'ennemi en déclarant bloqués, au moyen d'une simple notification diplomatique, les ports dont ils entendaient écarter les neutres. C'est ce qu'on appelait le blocus fictif ou blocus sur le papier. L'Angleterre, qui n'a pas toujours professé un respect très-profond pour les droits des neutres, a beaucoup usé du blocus fictif, notamment pendant les longues années de guerre de la Révolution et du premier Empire. C'est ainsi qu'en 1806 une note émanée du cabinet de Saint-James fit connaître à toutes les puissances que l'Angleterre déclarait les ports français, depuis Hambourg jusqu'à Brest, en état de blocus. L'Empereur répondit à cette mesure par la prohibition des marchandises anglaises et l'établissement du blocus continental.

Il est d'usage que l'établissement d'un blocus soit porté à la connaissance des puissances neutres par voie diplomatique. Mais ce serait une erreur de croire que cette notification soit nécessaire pour établir la validité de ce blocus. Celui-ci existe par le fait seul qu'il est effectivement établi. Supposons un bâtiment neutre, ignorant l'état de guerre subsistant entre deux nations, et se présentant devant un port bloqué par un des belligérants, au moyen de forces suffisantes pour en interdire l'accès. Ce neutre, quoique prévenu seulement sur les lieux d'un état de choses dont il n'avait pas connaissance, devra respecter ce blocus. S'il tentait de le violer, il serait considéré comme ayant manqué aux devoirs de la neutralité, et comme tel il pourrait, suivant les lois de la guerre, être traité en ennemi. Par contre, un neutre se dirigeant vers un port qu'il sait être bloqué, pénétrera dans ce port sans être exposé, pour ce fait, au moindre risque dans l'avenir, si, au moment où il arrive, les forces navales chargées du blocus ont disparu. D'après les instructions françaises, les bâtiments qui se dirigent vers un port bloqué ne sont censés connaître l'état de blocus qu'après que la notification spéciale en a été inscrite sur les registres ou papiers du bord par l'un des bâtiments de guerre formant le blocus. L'exécution de cette formalité est très-spécialement recommandée.

Conformément aux règlements français, l'établissement de tout blocus doit faire l'objet d'une notification formelle aux autorités du point bloqué. Cette notification est envoyée à ces autorités, en même temps qu'au consul de l'une des puissances neutres, au moyen d'un parlementaire. On doit remplir la même formalité si le blocus vient à être étendu à quelques nouveaux points de la côte. Les limites du blocus doivent être expressément désignées par leur latitude et leur longitude.

La violation d'un blocus ainsi établi résulte

aussi bien de la tentative de pénétrer dans le lieu bloqué que de la tentative d'en sortir après la déclaration de blocus, à moins, dans ce dernier cas, que ce ne soit sur lest ou avec un chargement pris avant le blocus, ou dans le délai fixé par le commandant des forces navales, délai qui devra toujours être suffisant pour protéger la navigation et le commerce de bonne foi. Ce délai doit toujours être mentionné dans la déclaration de blocus.

Lorsque l'état de guerre subsiste entre deux puissances, les nations qui ne sont pas engagées dans la lutte ont à remplir, vis-à-vis des belligérants, certains devoirs qu'on peut caractériser ainsi : s'abstenir scrupuleusement de tout ce qui constituerait un avantage fait à un des combattants au détriment de l'autre. Les devoirs de la neutralité sont faciles à discerner lorsque la guerre a lieu sur terre. Il n'en est pas de même dans le cas d'une lutte maritime. Les obligations qu'impose la neutralité sont alors moins bien définies, et leur exécution soulève quelquefois des complications diplomatiques que les neutres eux-mêmes tiendraient à éviter. Il existe une législation à ce sujet, mais elle n'est pas si bien faite qu'elle ne puisse prêter à interprétation. La discussion pendante entre les États-Unis et l'Angleterre, depuis la guerre de la Sécession, nous en fournit la preuve.

Les forces navales des belligérants fréquentent les ports neutres; elles viennent y chercher certains approvisionnements que les lois internationales permettent de leur donner. Pour ne parler que du charbon, l'Angleterre et la Hollande avaient décidé que les navires français et allemands qui se trouveraient dans leurs eaux ne recevraient que la quantité de charbon nécessaire pour rentrer dans le port français ou allemand le plus voisin du point de la relâche. Si, par exemple, la corvette l'*Augusta* a reçu sur les côtes d'Irlande, par une négligence quelconque des autorités anglaises, plus de charbon que ne le spécifiait la déclaration du gouvernement de la Grande-Bretagne, ce jour-là l'Angleterre a manqué aux devoirs de la neutralité. L'Allemagne eût été également en droit de se plaindre si un fait de même nature s'était produit pour un croiseur français. On conçoit donc combien il importe que le même traitement soit appliqué aux deux partis. Mais comme en pareille matière il est difficile de tout prévoir, et que, d'autre part, les situations sont rarement identiques, les neutres sont exposés de la part des belligérants à de nombreuses réclamations. La situation des États faibles est particulièrement délicate. Il est évident que, pendant la durée de la guerre franco-allemande, la position de la Hollande a été plus difficile que celle de l'Angleterre. Nous ne terminerons pas sans dire que les forces navales de la nation que le sort des armes ne favorise pas, sont exposées à rencontrer dans les ports neutres un accueil très-froid. Il en est des relations internationales comme des relations particulières : ceux qui sont malheureux n'ont guère d'amis.

Nous joignons ici : 1° la proclamation de S. M. la reine Victoria sur la neutralité de l'Angleterre; 2° la déclaration du gouvernement néerlandais, insérée dans le *Journal officiel* le 21 juillet 1870.

Proclamation de Sa Majesté la Reine Victoria sur la neutralité de l'Angleterre.

VICTORIA, Reine :

Attendu que nous sommes heureusement en paix avec tous les souverains, puissances et États;

Et attendu que, malgré tous nos efforts pour conserver la paix entre toutes les puissances souveraines et États, l'état de guerre existe aujourd'hui entre S. M. l'Empereur des Français et S. M. le Roi de Prusse, ainsi qu'entre leurs sujets respectifs et autres résidents habitant leurs contrées, territoires ou possessions ;

Attendu que nous nous trouvons en termes d'amitié et de bonnes relations avec tous et chacun de ces souverains, ainsi qu'avec leurs divers sujets et autres résidents habitant leurs contrées, territoires ou possessions ;

Attendu qu'un grand nombre de nos loyaux sujets résident et se livrent au commerce, possèdent des biens et des établissements, et jouissent de divers droits et priviléges dans les États desdits souverains, sous la protection de la foi des traités existant entre nous et chacun de ces souverains ;

Attendu que, dans notre désir de conserver à nos sujets les bienfaits de la paix dont ils ont actuellement le bonheur de jouir, avons la ferme intention et résolution de nous abstenir de toute participation directe ou indirecte à la guerre qui existe malheureusement aujourd'hui entre lesdits souverains, leurs sujets et territoires, de rester en paix et de maintenir des relations pacifiques et amicales avec tous et chacun d'eux, et avec leurs sujets respectifs et autres habitants de leurs contrées, territoires ou possessions, et de garder une stricte et impartiale neutralité pendant le cours desdites hostilités et de la guerre qui existent malheureusement entre eux ;

Nous avons, en conséquence, jugé à propos, sur l'avis de notre conseil privé, de publier la présente proclamation royale.

Nous enjoignons donc rigoureusement et ordonnons par les présentes, à tous nos affectionnés sujets, d'agir conformément à nos prescriptions, d'observer une stricte neutralité pendant la durée des susdites hostilités et guerre, et de s'abstenir de toute violation ou infraction, soit des lois ou statuts du royaume en vigueur à cet égard, soit du droit des nations concernant le même point, attendu qu'au cas contraire ils en seraient responsables à leurs risques et périls;

Et attendu que, d'après la teneur et en vertu d'un certain statut fait et rendu en la cinquante-neuvième année du règne de S. M. George III, intitulé : *Acte pour interdire le recrutement ou l'engagement des sujets de Sa Majesté, à l'effet de servir à l'étranger, ainsi que l'armement ou l'équipement dans les États de Sa Majesté, et sans son autorisation, de vaisseaux destinés à un but de guerre,* il est, entre autres dispositions, déclaré et prescrit ce qui suit :

« Si un individu quelconque, dans quelque partie que ce soit du Royaume-Uni ou des possessions d'outre-mer de Sa Majesté, vient, sans avoir préalablement obtenu et reçu de Sa Majesté une permission et autorisation à cet effet, ainsi qu'il a été dit plus haut, à équiper ou armer, ou s'il tente d'équiper, d'approvisionner, installer ou armer un navire ou bâtiment quelconque, ou s'il facilite les moyens de l'équiper, de l'approvisionner, de l'installer ou de l'armer, ou s'il concourt, assiste ou participe sciemment à l'équipement, à l'approvisionnement, à l'installation ou à l'armement d'un navire ou bâtiment quelconque, afin qu'il en soit fait usage par quelque prince, État ou potentat étranger que ce soit, ou par quelque colonie, province ou portion de province, ou de peuple étranger, ou par tels ou tels individus exerçant ou prétendant exercer des pouvoirs gouvernementaux quelconques sur le territoire, ou à l'égard de quelque État, colonie, province ou portion de province, ou peuple étranger, et cela soit à titre de bâtiment de transport ou de gabare, soit à l'effet de croiser ou de commettre des hostilités contre quelque prince, État ou potentat que ce soit, ou contre les individus exerçant ou prétendant exercer pouvoirs gouvernementaux dans quelque colonie, province ou portion de province, ou de pays étrangers, ou contre les habitants de ces colonies, province ou portion de province ou de pays, à l'égard desquels Sa Majesté ne se trouverait pas actuellement en état de guerre;

pareillement, si un individu quelconque, soit dans le Royaume-Uni, soit dans les possessions de Sa Majesté appartenant et soumis à Sa Majesté, vient à émettre ou à délivrer une commission d'armement à un bâtiment ou navire, afin qu'ils soient employés ainsi qu'il vient d'être dit, l'individu qui aura commis cette infraction sera réputé coupable d'un délit grave (*misdemeanour*); et, dans le cas où il serait condamné en raison d'informations ou de poursuites intentées à cette occasion, il sera puni d'amende et d'emprisonnement, ou de l'une ou l'autre de ces peines, à la discrétion de la cour qui l'aura condamné. De plus, tout bâtiment ou navire avec ses agrès, ses apparaux et son équipement, ainsi que les matières premières, armes, munitions et approvisionnements qui appartiendraient audit navire ou seraient trouvés à son bord, seront confisqués. »

« Il sera permis respectivement à tout officier des douanes, de l'accise ou de la marine de Sa Majesté, qui sera autorisé par la loi à pratiquer des saisies pour cause de confiscation encourue, en vertu des lois des douanes et de l'accise, ou des lois qui régissent le commerce et la navigation, de saisir les susdits bâtiments et navires, dans les mêmes lieux et de la même manière que les officiers de douane, de l'accise ou de la marine de Sa Majesté sont autorisés à pratiquer des saisies pour cause de confiscation encourue en vertu des lois de douane et d'accise, ou qui régissent le commerce et la navigation, lesdits bâtiments et navires, avec leurs gréements, apparaux et équipement, et les matières premières, armes, munitions et approvisionnements appartenant à ces navires ou trouvés à leur bord, seront passibles des mêmes poursuites et condamnations, et devant les mêmes cours que le seraient les navires et bâtiments, et condamnés pour toute atteinte portée soit aux lois rendues pour protéger les revenus des douanes et de l'accise, soit aux lois qui régissent le commerce et la navigation. »

Attendu que plus loin il est déclaré dans ledit acte : « que si un individu quelconque, dans quelque partie que ce soit du Royaume-Uni de la Grande-Bretagne et d'Irlande, ou des possessions d'outre-mer de Sa Majesté, n'ayant pas préalablement eu et obtenu, ainsi qu'il a été dit plus haut, l'autorisation et la permission de Sa Majesté à cet effet, vient, soit en augmentant le nombre de canons d'un navire, soit en remplaçant par d'autres canons ceux qui seraient déjà à son bord, soit en y ajoutant une installation de guerre quelconque, à accroître ou à augmenter la force militaire de tout navire ou vaisseau de guerre, croiseur ou autre bâtiment armé, ou à en procurer l'accroissement ou l'augmentation, ou à participer sciemment à cet accroissement ou augmentation lorsque ledit navire, à l'époque de son arrivée dans un port quelconque du Royaume-Uni ou des possessions de Sa Majesté, était un vaisseau de guerre, un croiseur ou bâtiment armé au service de quelque prince, État ou potentat étranger que ce soit, ou de tels ou tels individus exerçant ou prétendant exercer des pouvoirs gouvernementaux dans le territoire, ou à l'égard de quelque colonie, province ou portion de province ou de peuple appartenant aux sujets de quelque prince, État ou potentat que ce soit, ou des habitants de quelque colonie, province ou portion de province ou pays soumis, ou de tels ou tels individus exerçant ou prétendant exercer des pouvoirs gouvernementaux, l'individu qui aura commis cette infraction sera réputé coupable d'un délit grave; et dans le cas où il serait condamné en raison d'informations ou de poursuites intentées à cette occasion, il sera puni d'amende et d'emprisonnement, ou de l'une ou de l'autre de ces peïnes, à la discrétion de la cour qui l'aura condamné. »

En cet état de choses, et afin qu'aucun de nos sujets ne s'expose inconsidérément aux peines imposées par ledit statut, nous interdisons rigoureusement par les présentes, à chacun et à tous individus, de commettre quelque acte, entreprise ou chose que ce soit, en contravention des dispositions de ce statut, sous peine d'encourir les diverses pénalités portées par ledit statut, ainsi que notre souverain déplaisir.

En outre, nous avertissons et requérons par les présentes nos très-affectionnés sujets et tous autres individus ayant droit à notre protection, d'observer les devoirs de la neutralité à l'égard de chacun et de tous les souverains susdits, de leurs sujets et territoires, ainsi qu'à l'égard de toutes les parties belligérantes quelconques, avec lesquelles nous sommes en paix; de respecter à l'égard de tous et de chacun d'eux l'exercice de ce droit des puissances belligérantes dont nous et nos royaux prédécesseurs avons toujours réclamé le privilége.

Nous avertissons en outre, par les présentes, tous nos affectionnés sujets et tous autres individus ayant droit à notre protection, que si l'un d'entre eux ose, au mépris de notre présente proclamation royale et de notre souverain déplaisir, commettre des actes contraires à leurs devoirs comme sujets d'un souverain neutre, dans une guerre existant entre d'autres souverains, ou qui constituent une violation ou une infraction au droit des nations à cet égard, et plus spécialement en rompant ou en s'efforçant de rompre un blocus légalement et effectivement établi par l'un quelconque desdits souverains ou en leur nom; en transportant des officiers, des soldats, des dépêches, des armes, des munitions ou approvisionnements ou matières premières militaires, et généralement tels ou tels articles considérés et réputés contrebande de guerre, selon la loi ou les usages des nations modernes, le tout pour l'usage ou pour le service de l'un quelconque desdits souverains; tout individu qui aura commis cette infraction, ainsi que les navires et marchandises à lui appartenant, seront justement passibles de capture de guerre, ainsi que des pénalités portées à cet égard par la loi des nations.

Et nous faisons savoir, par les présentes, que tous nos sujets et tous autres individus ayant droit à notre protection, qui contreviendraient à ce qui précède, le feront à leurs risques et périls et seront dans leur tort, et qu'ils n'obtiendront de nous aucune protection contre la capture des bâtiments ou les pénalités ci-dessus énoncées; mais qu'au contraire ils encourront, par leur désobéissance, notre souverain déplaisir.

Donné en notre Cour, en notre résidence d'Osborne, île de Wight, le 19 juillet, l'an de Notre-Seigneur 1870, et dans la trente-quatrième année de notre règne.

DÉCLARATION *du gouvernement néerlandais insérée dans le Journal officiel de la Hollande le 21 juillet 1870.*

I.

Par ordre du Roi, les ministres des affaires étrangères, de la justice et de la marine, portent à la connaissance du public que les dispositions suivantes ont été arrêtées dans l'intérêt d'une stricte neutralité pendant la durée de la guerre.

ARTICLE 1er.

Aucun navire de guerre ni corsaire appartenant à une des parties belligérantes, accompagné de prises, ne pourra entrer dans les ports néerlandais ni séjourner sur les rades, à l'exception du cas de relâche forcée, tel que : accident de mer ou manque de vivres. Dès que les motifs de leur relâche auront cessé d'exister, ils devront s'éloigner sans retard.

ART. 2.

La vente, l'échange ou la cession des prises

ou des objets qui en proviennent sont interdits dans les ports néerlandais. Sont également inter**dits dans les ports néerlandais le dégréement et** la vente des navires de guerre ou de croiseurs des parties belligérantes ainsi que des corsaires, pour autant que ces derniers sont admis, à moins que, dans des circonstances extraordinaires, le gouvernement ne juge qu'une telle vente peut avoir lieu sans violation de la neutralité de l'État.

Art. 3.

Les corsaires, même non accompagnés de prises, ne seront admis dans les ports néerlandais que dans les cas mentionnés à l'article 1er. La fin de cet article leur est applicable.

Ils ne pourront prendre plus de vivres que la nécessité immédiate ne l'exige, et du charbon seulement pour vingt-quatre heures.

Art. 4.

Les navires de guerre des parties belligérantes pourront séjourner dans les ports néerlandais en se soumettant aux dispositions prescrites par le droit des gens pour les ports neutres; ils pourront s'y pourvoir de vivres et de la quantité de charbon nécessaire pour se rendre au port le plus voisin du pays auquel ils appartiennent.

Art. 5.

Lorsque des navires des deux parties belligérantes, soit navires de guerre, soit corsaires, soit navires marchands, se trouvent simultanément dans le même port, rade, ou dans les eaux de l'État, il devra s'écouler un intervalle d'au moins vingt-quatre heures entre leurs départs respectifs.

Les autorités maritimes du port auront la faculté de prolonger cet intervalle suivant les circonstances.

Art. 6.

Il est défendu de fournir aux navires des parties belligérantes des armes ou des munitions de guerre, ou de leur prêter des secours pour augmenter leur équipage, leur armement ou leur équipement.

II.

Le ministre des affaires étrangères fixe l'attention des capitaines et propriétaires de navires sur le danger et préjudice auxquels ils s'exposeraient en ne respectant pas un blocus effectif ou en transportant de la contrebande de guerre, du matériel militaire ou des dépêches pour une des parties belligérantes.

Les contrevenants seraient exposés aux conséquences de leur contravention, sans qu'ils puissent prétendre à la protection ou à l'intervention du gouvernement du Roi.

Le gouvernement veillera aussi à ce que personne dans le pays n'équipe des navires de guerre ou armés pour les parties belligérantes; il veillera également à ce que personne ne vende des navires de guerre ou armés aux parties belligérantes et ne construise pour leur compte des navires de transport.

III.

Les ministres des affaires étrangères, de la marine et de la justice, autorisés à cet effet par le Roi, préviennent tous les habitants du royaume qu'ils doivent s'abstenir strictement de prendre aucune part à la course et de recevoir des lettres de marque d'aucun État étranger. Tout sujet néerlandais qui exercerait la course avec des lettres étrangères ou y prêterait la main, serait poursuivi par la justice néerlandaise et condamné aux peines portées par la loi.

Convention internationale signée à Genève le 22 août 1864, pour l'amélioration du sort des militaires blessés sur les champs de bataille.

ARTICLES CONCERNANT LA MARINE.

Art. 6.

Les embarcations qui, à leurs risques et périls, pendant ou après le combat, recueillent, ou qui, ayant recueilli des naufragés ou des blessés, les portent à bord d'un navire, soit neutre, soit hospitalier, jouiront, jusqu'à l'accomplissement de leur mission, de la part de neutralité que les circonstances du combat et la situation des navires en conflit permettront de leur appliquer.

L'appréciation de ces circonstances est confiée à l'humanité de tous les combattants.

Les naufragés et les blessés ainsi recueillis et sauvés ne pourront servir pendant la durée de la guerre.

Art. 7.

Le personnel religieux, médical et hospitalier de tout bâtiment capturé est déclaré neutre. Il emporte, en quittant le navire, les objets et les instruments de chirurgie qui sont sa propriété particulière.

Art. 8.

Le personnel désigné dans l'article précédent doit continuer à remplir ses fonctions sur le bâtiment capturé, concourir aux évacuations de blessés faites par le vainqueur, puis il doit être libre de rejoindre son pays, conformément au second paragraphe du premier article additionnel ci-dessus.

Les stipulations du deuxième article additionnel ci-dessus sont applicables au traitement de ce personnel.

Art. 9.

Les bâtiments hôpitaux militaires restent soumis aux lois de la guerre, en ce qui concerne leur matériel; ils deviennent la propriété du capteur : mais celui-ci ne pourra les détourner de leur affectation spéciale pendant la durée de la guerre.

Toutefois, les navires impropres au combat que, pendant la paix, les gouvernements auront officiellement déclarés être destinés à servir d'hôpitaux maritimes flottants, jouiront, pendant la guerre, de la neutralité complète, au matériel comme au personnel, pourvu que leur armement soit uniquement approprié à leur destination spéciale.

Art. 10[1].

Tout bâtiment de commerce, à quelque nation qu'il appartienne, chargé exclusivement de blessés et de malades dont il opère l'évacuation, est couvert par la neutralité; mais le fait seul de la visite, notifié sur le journal du bord par un croiseur ennemi, rend les blessés et les malades incapables de servir pendant la durée de la guerre. Le croiseur aura même le droit de mettre à bord un commissaire pour accompagner le convoi et vérifier ainsi la bonne foi de l'opération.

Si le bâtiment de commerce contenait en outre un chargement, la neutralité le couvrirait encore, pourvu que ce chargement ne fût pas de nature à être confisqué par le belligérant.

Les belligérants conservent le droit d'interdire aux bâtiments neutralisés toute communication et toute direction qu'ils jugeraient nuisibles au secret de leurs opérations.

Dans les cas urgents, des conventions particulières pourront être faites entre les commandants en chef pour neutraliser momentanément, d'une manière spéciale, les navires destinés à l'évacuation des blessés et des malades.

[1] Voir ci-après une note interprétative du deuxième paragraphe de cet article.

Art. 11.

Les marins et les militaires embarqués, blessés ou malades, à quelque nation qu'ils appartiennent, seront protégés et soignés par les capteurs.

Leur rapatriement est soumis aux prescriptions de l'article 6 de la Convention et de l'article 5 additionnel.

Art. 12.

Le drapeau distinctif à joindre au pavillon national pour indiquer un navire ou une embarcation quelconque qui réclame le bénéfice de la neutralité, en vertu des principes de cette Convention, est le pavillon blanc à croix rouge.

Les belligérants exercent à cet égard toute vérification qu'ils jugent nécessaire.

Les bâtiments hôpitaux militaires seront distingués par une peinture extérieure blanche avec batterie verte.

Art. 13.

Les navires hospitaliers, équipés aux frais des sociétés de secours reconnues par les gouvernements signataires de cette Convention, pourvus de commissions émanées du souverain qui aura donné l'autorisation expresse de leur armement, et d'un document de l'autorité maritime compétente, stipulant qu'ils ont été soumis à son contrôle pendant leur armement et à leur départ final, et qu'ils étaient alors uniquement appropriés au but de leur mission, seront considérés comme neutres ainsi que tout le personnel.

Ils seront respectés et protégés par les belligérants.

Ils se feront reconnaître en hissant, avec leur pavillon national, le pavillon blanc à croix rouge. La marque distinctive de leur personnel dans l'exercice de ses fonctions sera un brassard aux mêmes couleurs; leur peinture extérieure sera blanche avec batterie rouge.

Ces navires porteront secours et assistance aux blessés et naufragés des belligérants, sans distinction de nationalité.

Ils ne devront gêner en aucune manière les mouvements des combattants.

Pendant et après le combat, ils agiront à leurs risques et périls.

Les belligérants auront sur eux le droit de contrôle et de visite; ils pourront refuser leur concours, leur enjoindre de s'éloigner, et les détenir si la gravité des circonstances l'exigeait.

Les blessés et les naufragés recueillis par ces navires ne pourront être réclamés par aucun des combattants, et il leur sera imposé de ne pas servir pendant la durée de la guerre.

Art. 14.

Dans les guerres maritimes, toute forte présomption que l'un des belligérants profite du bénéfice de la neutralité dans un autre intérêt que celui des blessés et des malades, permet à l'autre belligérant, jusqu'à preuve du contraire, de suspendre la Convention à son égard.

Si cette présomption devient une certitude, la Convention peut même lui être dénoncée pour toute la durée de la guerre.

Art. 15.

Le présent acte sera dressé en un seul exemplaire original, qui sera déposé aux archives de la Confédération suisse.

Une copie authentique de cet acte sera délivrée, avec l'invitation d'y adhérer, à chacune des puissances signataires de la Convention du 22 août 1864, ainsi qu'à celles qui y ont successivement accédé.

En foi de quoi les commissaires soussignés ont dressé le présent projet d'articles additionnels, et y ont apposé le cachet de leurs armes.

Fait à Genève, le vingtième jour du mois d'octobre de l'an mil huit cent soixante-huit.

Note sur l'interprétation de l'article 10 du projet d'acte additionnel à la Convention de Genève [1].

Le deuxième paragraphe de l'article 10 additionnel est ainsi conçu : « Si le bâtiment de com-
» merce contenait en outre un chargement, la
» neutralité le couvrirait encore (le bâtiment),
» pourvu que le chargement ne fût pas de nature
» à être confisqué par le belligérant. »

Les mots « de nature à être confisqué par le
» belligérant » s'appliquent aussi bien à la nationalité de la marchandise qu'à sa qualité.

Ainsi, d'après les dernières conventions internationales, les marchandises de nature à être confisquées par un croiseur sont :

1° La contrebande de guerre sous tous les pavillons ;

2° La marchandise ennemie sous pavillon ennemi.

Le croiseur ne doit reconnaître la neutralité du navire chargé de blessés que si aucune partie de son chargement ne peut, en vertu des lois inter-

---

[1] Des doutes s'étant élevés sur l'interprétation de l'article 10 du projet additionnel, la note ci-dessus a été rédigée pour fixer le sens dudit article ; cette note doit être considérée comme ayant même force et valeur que l'acte additionnel lui-même.

nationales, être comprise dans l'une ou l'autre de ces deux catégories de marchandises.

La faculté que donne le paragraphe en question, de laisser à bord des navires chargés de blessés une portion de chargement, doit être considérée comme une facilité pour les affrétements, aussi bien qu'un avantage précieux pour les conditions de navigabilité des navires de commerce, si défectueuses lorsqu'ils sont uniquement chargés de lest; mais cette faculté ne saurait en rien porter atteinte au droit de confiscation de la cargaison dans les limites fixées par les lois internationales.

Tout navire dont le chargement serait sujet à confiscation par le croiseur dans les circonstances ordinaires n'est donc pas susceptible d'être couvert par la neutralité, par ce seul fait qu'il porte en outre des malades et des blessés. Le navire et la cargaison rentrent alors dans le droit commun de la guerre, lequel n'a été modifié par la Convention qu'en faveur du bâtiment exclusivement chargé de blessés, ou dont le chargement ne serait sujet à confiscation en aucun cas. Ainsi, par exemple :

Le navire de commerce d'un belligérant chargé de marchandises neutres en même temps que de blessés et de malades, est couvert par la neutralité.

Le navire de commerce d'un belligérant, portant, avec des blessés et des malades, des marchandises ennemies du croiseur ou de la contrebande de guerre, n'est pas neutre, et le navire ainsi que la cargaison rentrent dans le droit commun de la guerre.

Un navire neutre portant, avec des blessés et des malades d'un belligérant, de la contrebande de guerre, est soumis au droit commun de la guerre.

Un navire neutre portant des marchandises de toutes nationalités, mais non contrebande de guerre, fait participer les malades et les blessés qu'il porte à sa propre neutralité.

Quant à ce qui concerne la défense expresse faite, d'après l'usage, au navire porteur d'un cartel, de se livrer à un commerce quelconque au point d'arrivée, on a pensé qu'il n'y avait pas lieu d'y soumettre spécialement les navires chargés de blessés, parce que le deuxième paragraphe de l'article 10 impose aux belligérants comme aux neutres l'exclusion du transport de marchandises sujettes à confiscation.

D'ailleurs, si l'un des belligérants abusait de la faculté qui lui est accordée, et, sous le prétexte de transport des blessés, neutralisait sous son pavillon une intercourse commerciale importante qui pût influer d'une manière notoire sur les chances ou sur la durée de la guerre, l'article 14 de la Convention serait à juste titre invoqué par l'autre belligérant.

Quant à la faculté de faire sortir d'une ville assiégée et bloquée par mer, d'une maniere effective, sous le couvert de la neutralité, des bâtiments chargés de blessés et de malades, de manière à prolonger la résistance des assiégés, la Convention ne l'autorise point. En accordant les bienfaits d'une neutralité, parfois restreinte, aux bâtiments chargés de blessés, elle n'a pu leur donner des droits supérieurs à ceux des autres neutres, qui ne peuvent forcer un blocus effectif sans une autorisation spéciale.

L'humanité, d'ailleurs, dans un cas semblable, ne perd pas tous ses droits, et si les circonstances permettent à l'assiégeant de se relâcher des droits rigoureux du blocus, l'assiégé peut entrer en pourparlers, en vertu du quatrième paragraphe de l'article 10.

FIN.

TABLE DES MATIÈRES

Pages.

Préface.   5

PREMIÈRE PARTIE.

I. Composition des forces navales de la France et de l'Allemagne.   15

II. Plan de campagne définitif de la marine allemande. — Dispositions maritimes prises par les Français. — Envoi de deux escadres, l'une dans la Baltique, l'autre dans la mer du Nord.   28

III. Préparatifs faits par la marine en vue d'une expédition dans le Nord. — Les désastres de nos armées nous obligent à renoncer à ce projet. — Sphère d'action des flottes en dehors des rencontres sur mer.   38

IV. Description de la baie de Kiel. — Route à suivre pour arriver devant la ville. — Défenses de la baie et des établissements maritimes du côté de la mer. — Conséquences probables d'une entrée de vive force tentée par une escadre.   51

V. Description du port Guillaume. — Route pour entrer dans la Jahde. — Conditions auxquelles sont soumis les mouvements des bâtiments passant de la Jahde dans les bassins intérieurs.

TABLE DES MATIÈRES.

Pages.

— Défenses du port. — Examen des résultats probables d'une attaque du port Guillaume faite par une escadre française............ 64

VI. Caractère des opérations exécutées par les marins américains pendant la guerre de la Sécession. 77

VII. Le département de la marine envoie à Paris des hommes, des vivres et du matériel. — Désarmement de la plupart des navires en cours d'armement. — Retour de l'escadre de la mer du Nord. — Rappel de l'escadre de la Baltique. — Nouveaux désarmements. — Des bataillons de marins sont envoyés aux armées de province. — Fabrication dans nos arsenaux du matériel pour le département de la guerre. — Rôle de la marine allemande. — La corvette l'*Arcona*. — Rencontre de la canonnière le *Meteor* et de l'aviso français le *Bouvet*. — Sortie de la corvette l'*Augusta*................ 84

VIII. Conclusion. — Rôle de la marine actuelle dans une guerre continentale............ 108

DEUXIÈME PARTIE.

I. Aperçu des principales opérations exécutées par les flottes, en dehors des rencontres en pleine mer, de 1643 à 1851............ 115

II. Vaisseaux de ligne à vapeur et à hélice. — Guerre de Russie. — Entrée des flottes alliées dans la mer Noire. — Abandon par les Russes des forts échelonnés sur la côte de Circassie. — Transport de l'armée en Crimée. — Débarquement à Oldfort. — Ravitaillement de l'armée. — Batteries flottantes cuirassées à Kinburn. — Sans la marine à vapeur, il n'eût pas été possible de maintenir sur le plateau de Chersonèse un effectif suffisant pour lutter avec les Russes. . 126

III. Élection du président Lincoln. — Les États du Sud se séparent de l'Union. — Attaque du fort Sumter par les confédérés. — Efforts de la marine fédérale pour fermer la mer aux confédérés. — Blocus des côtes et expéditions maritimes sur le littoral pour atteindre ce résultat. — Appui donné aux troupes sur le James-River par une flottille fédérale. 139

IV. Expédition des fédéraux dans la vallée du Mississipi. — Les troupes, appuyées par une flottille, descendent les rives du fleuve en marchant du nord au sud. — L'amiral Farragut, après s'être emparé de la Nouvelle-Orléans, remonte le Mississipi. — Jonction des deux flottilles entre Port-Hudson et Wicksburg. — Coopération de la marine à la prise de ces deux places. . . . 151

V. Le blocus des ports du Sud n'est pas complétement efficace. — Continuation des expéditions sur le littoral. — L'amiral Farragut s'empare des forts qui défendent l'entrée de la baie de Mobile. — L'amiral Porter bombarde le fort Fisher, qui défend les approches de Wilmington. — Mobile, Savannah, Charlestown, Wilmington, sont tour à tour occupés par les troupes fédérales. — Fin de la guerre de la Sécession. . . 161

VI. Caractère des opérations exécutées par la marine fédérale. — Limites où s'arrête l'action de la flotte. 168

VII. Événements qui amènent la guerre entre le Paraguay, d'une part, et, d'autre part, le Brésil,

TABLE DES MATIÈRES.

Pages.

la république Argentine et la république de l'Uruguay. — Destruction de la flottille paraguayenne par la marine brésilienne. — Passage des troupes alliées sur le territoire paraguayen. — Combats des cuirassés brésiliens contre les positions d'Itapiru, de Curuzu, de Curupayti, d'Humaïta, etc. — Fin de la guerre. — Rôle de la marine brésilienne. — Limite de son action et caractère des services qu'elle a rendus.................................. 178

APPENDICE.

Document concernant la marine allemande, emprunté à la première livraison de l'ouvrage publié par la section historique du grand état-major prussien (traduction de M. Costa de Serda, capitaine d'état-major)...................... 193

Observations sur quelques points contenus dans ce document............................ 202

Documents officiels français et étrangers concernant la marine pendant la guerre de 1870-1871.... 226

Note insérée au *Journal officiel* du 21 juillet 1870.. 226

Règlement du 27 juillet 1778 concernant la navigation des bâtiments neutres en temps de guerre.. 227

Déclaration du Congrès de Paris en date du 16 avril 1856................................ 234

Observations sur les stipulations contenues dans le traité du 16 avril 1856 et sur les conséquences résultant de leur application pendant la guerre.. 237

Proclamation de S. M. la reine Victoria sur la neutralité de l'Angleterre...................... 248

TABLE DES MATIÈRES.

Pages.

Déclaration du gouvernement néerlandais insérée dans le Journal officiel de la Hollande le 21 juillet 1870.................... 257

Convention internationale signée à Genève, le 22 août 1864, pour l'amélioration du sort des militaires blessés sur les champs de bataille. Articles concernant la marine................ 261

www.ingramcontent.com/pod-product-compliance
Lightning Source LLC
Chambersburg PA
CBHW050631170426
43200CB00008B/965